U0926596

2007 年 11 月 15 日第一届国际养老院院长大会合影

作者在联合国总部地球模型前留影

1996 年在首届“北京房地产香港展览会”上
作者以《建设老年乐园是企业家的历史使命》为题发言

北京市委市政府在北京市委第三会议室为金梦圆老年乐园举办开业典礼

2008年秋，国家民政部原副部长徐瑞新来金梦圆老年乐园西园考察

香港院长代表团部分成员参观考察北京金梦圆老年乐园时的留影

周鼎年夫妇与作者大姐在金梦圆留影

2008 年重阳节石景山区领导来园慰问

金梦圆老年乐园罗春辉副院长在北京钓鱼台国宾馆接受异地养老授牌

与李惠仁会长（左三）、孙大姐（左二）、金珠（左一）到鼓浪屿参加第二届养老院院长联谊会议

首届中国昆明养老服务产业博览会开幕式

在古巴哈瓦那考察养老院建设

在联合国会议大厅

2011 年 9 月作者老伴老贺（右二）和其在青海高原工作 11 年的同事聚在一起

北京市委市政府离休干部在金梦圆老年乐园度过自己的金婚纪念日
夫妻二人喝交杯酒

曾为我国解放事业南征北战的北京市离休老干部
于 1999 年在北京金梦圆老年乐园东园领到世纪金婚证书

央视《夕阳红》栏目的著名播音员沈力经常来北京金梦圆老年乐园参加活动

中央有关部委老干部局局长来园交流经验

顾问单昭祥（右）和首都规划建设委员会原常务副主任宣祥鎏（左）
在开发公司会议室研究星竹园小区的规划设计

在维也纳养老院医务室

1983年昌平公路剪彩时与姜善智局长接待焦若愚老市长

金梦圆房地产公司顾问组与工作人员合影

北京城建房地产开发公司工作人员

金梦圆房地产公司部分工作人员

到哈瓦那牙科医生家中访问时的合影

在老年乐园梦园

全家合影

老伴在给女儿讲颐和园的历史

美丽端庄的大女儿

秀气聪明的小女儿

婶婶和大女儿贺梅合影

爷孙欢乐

八大家路三十五號

刘蕴华◎著

中国财富出版社

图书在版编目（CIP）数据

八大处路三十五号 / 刘蕴华著 . —北京：中国财富出版社，2018. 10

ISBN 978-7-5047-6649-6

Ⅰ . ①八… Ⅱ . ①刘… Ⅲ . ①刘蕴华—自传 Ⅳ . ① K827=7

中国版本图书馆 CIP 数据核字（2018）第 203027 号

策划编辑 宋 宇 责任编辑 齐惠民 郭逸亭

责任印制 梁 凡 责任校对 孙会香 张营营 责任发行 张红燕

出版发行 中国财富出版社

社 址 北京市丰台区南四环西路 188 号 5 区 20 楼 邮政编码 100070

电 话 010-52227588 转 2048/2028（发行部） 010-52227588 转 321（总编室）

010-68589540（读者服务部） 010-52227588 转 305（质检部）

网 址 http：//www.cfpress.com.cn

经 销 新华书店

印 刷 河北廊坊市鸿煊印刷有限公司

书 号 ISBN 978-7-5047-6649-6/K · 0225

开 本 710mm × 1000mm 1/16 版 次 2018 年 10 月第 1 版

印 张 17.75 彩 页 1 印 次 2018 年 10 月第 1 次印刷

字 数 185 千字 定 价 49.80 元

引言

八大处路35号，一个神奇而富有灵气的地方。她春有芽，夏有花，秋有果，冬有绿。她有两个园区，一个叫东园，一个叫西园。东园建筑多属于中式风格，像古代的园林，古色古香。这里有住园老人特别喜爱的两棵海碗口粗的枇杷树，树上结满了黄澄澄的枇杷果，橘子树挂满了金色的小橘子，就像热带果林，妙趣横生。园中还种满了各种花树、果树和蔬菜。颇具海南风情的龟背竹，是园中的一道风景。夏季的时候，园中的黄瓜、大白杏儿、西红柿令人垂涎欲滴；秋收时节，红彤彤的山楂让人忍不住摘下几颗……而西园的建筑偏西式风格，两排房屋庄重大方，都是一层平房，方便老人出入。西园的花园里还有一个双层阁楼，老人也喜欢来这里打牌、吹口琴、歌唱。园中种满了西红柿、长豇豆、青椒，还有玉兰花、月季等，春天的时候花香飘四方……

这就是修建在八大处山脚下的北京金梦圆老年乐园。

1997年10月27日下午3：00，北京市市委第三会议室，市委市政府的相关领导为北京市金梦圆老年乐园举行了开业典礼。北京市老干部局、阜外医院、协和医院、海军后勤部、海军总医院的领导都出席了此次开业典礼。

首都绿化委员会常务副主任、北京绿化基金会会长、全国绿化造林模范奖章获得者、被誉为“绿化老人”的单昭祥主持会议，并发表讲话。单老说：“北京市率先把养老机构办好，让广大老年人‘老有所养，老有所乐，老有所为’。北京金梦圆老年乐园是由刘蕴华投资5300万元建成的，目前已经住进退休老干部19位。这所民营养老院，从一开始就进驻了各大医疗机构，意味着老人在这里可以养医结合，安度晚年了。”

唐家璇部长曾经对刘蕴华院长说：“我的外交官就在此定点养老。”

后来央视《新闻联播》报道了金梦圆老年乐园成立的消息。

在此后的日子里，入住金梦圆的老人每天都过着快乐的生活。金梦圆中经常会有老人吹口琴、唱歌、跳舞的场景。经过院长和金梦圆所有员工的努力，金梦圆也成为民政部接待外宾考察的指定养老院，是国务院各部委离退休老干部局养老定点单位，是中国社工协会的培训基地，也获得了一系列国家荣誉称号，并与墨尔本老年村、古巴哈瓦那社会福利院建立了友谊关系。

八大处路35号东园有320套房间，可以容纳382位老人居住，有餐厅、锅炉房以及供老年人活动的多功能厅、会议室、健身房、医务室，还有美丽的古典长廊，这里的地砖是从天安门广场移过来的。

这座院子的主人刘蕴华也会时常和老人在一起，伴着口琴、手风琴，唱起《莫斯科郊外的晚上》《我们新疆好地方》。而老人不仅和她一起欢唱，也会时不时地嘘寒问暖，关心这位从小没人疼爱的老院长。

目 录

第一章 缺爱的童年

☆母亲的早逝与父亲的再娶☆

在20世纪40年代的中国大地上，战火纷飞，物质匮乏，可以说，不幸，是人生的常态。

1945年7月16日，我出生在河北省无极县古庄村。伟大的抗日战争是在我出生后的一个月取得胜利的。

无极县是一座古老的城镇，春秋战国时期归属于不同的诸侯国。到了西汉初置毋极县，后来在武则天时期改名为无极县，至今延传1300多年，未曾更名。我的家乡古庄村当属无极县辖下小有名气的古村庄。

当时的古庄村虽是乡下最原始的样子：土路、土坡、土房子，车马窄路，古旧村庄，但是这里田陌纵横，河流潺湲，飞鸟成群，绿树成荫，是个风景优美的地方。

村里的老人说，我们村虽然不算富裕，但是这里一直都有属于自己的文化特色，犹如世外桃源一般。可惜日本鬼子来了，破坏了我们宁静的生活，毁掉了我们幸福的家园。

世外桃源般的生活并没有磨掉村里人的血性，贫困的生活反倒磨砺了我们坚强的意志。我们村是当年闹革命闹得最活跃的地方，是著名的游击拉锯区，也是无极地区的第一个共产党支部成立的地方。当年的情况很复杂，由于有些人革命意志不坚，导致有一些革命志士被叛徒出卖而壮烈牺牲。

在我出生那年，人们经历了多年的战事磨难，终于要见到胜利的曙光了。然而战争所留下的贫困、破败和创伤，却深深刻印在每个人心中。

这一天，也许跟千百年来的每一天都一样平凡，村头的小河静静地流着，麦田的风静静地吹着，蝴蝶儿闹，小蝉儿叫，似乎没有什么不同，但是对我来说，这是一个要永远铭记，却永远无法铭记的一天。

我，尚在襁褓中，有人说我刚出生，也有人说我出生没几天，反正没有出满月，就永远地失去了我的至爱——母亲。

如果说，我当时童真而稚嫩的双眼，能够记住人间的美好，我能看到并且记得的最凄美的画面，就是当时的情景：我那长期因病痛而虚弱不堪的母亲挣扎着，用尽最后的力气，紧紧地搂住我。这一搂，是一个母亲倾尽所有母爱的一搂，因为她已经知道，我们母女将要互相分离很久，很久，久到一辈子。她颤颤巍巍地掀起自己的衣衫，想要给我喂食最后一口奶水。可是那时，她的身体已经非常差，几乎处于弥留的状态。床边的人出于理性的考虑，将我——母亲的孩子、母亲的牵挂、母亲的宝贝，从她的怀里抱走了。母亲的怀抱一下空了，她慢慢地阖上双眼，眉心似乎还打着结，带着对自己孩子永远的牵挂和思念，永久地睡去。

这个场面，是我懂事后奶奶讲给我听的。那时候的我，对生和死尚不知晓，可冥冥之中，母亲与孩子心与心之间的那根亲情连线，断了一方，让尚且懵懂无知的我，放声大哭。

病榻的另一边，站着的是我的奶奶、9岁的姐姐和7岁的哥哥。奶奶刚开始一个劲儿地叹气，可想到三个孩子将要失去自己最亲的母亲时，突然哭出声来，而哥哥和姐姐则爬上炕，扑倒在妈妈的身上，号啕地哭着喊着“娘！”

看到这个场面，周围的人无不动容。

少儿失亲谓之孤。

不足一个月大的我，便成了没妈的孩子。

母亲去世后，父亲很快续弦，继母还带了一个和我差不多大的女孩，之后父亲又陆续和继母有了五个孩子。继母当初答应嫁给父亲的条件就是不要我们兄妹三人和不能管奶奶。就这样，虽然父亲还在，但我们三兄妹已经成了村里的孤儿。

母亲过世不久，哥哥就被大伯带到北京去了，大伯在北京宣武区一个煤厂当会计，所以哥哥较为幸运，从小就有人照看。大伯大娘对哥哥很好，有新衣穿，有饱饭吃，还在北京上学读书。

而我和姐姐，则没人照看。村里的好心人想到了我的姨母，她嫁到河北的赵县，据说不能生养，于是就有乡亲拉着姐姐、抱着我，坐着毛驴拉的车，穿过解放战争战火的缝隙，来到赵县我姨母家里。乡亲表达了他的想法，请我姨母看在两个孩子失去母亲、无人照顾的份上，能够收养我跟姐姐。

但令人失望的是，姨母当时就拒绝收留我们，毕竟在那个物质匮乏的年代，她不想让家里凭空多出两张吃饭的嘴，况且当时我还那么小。姨母摇摇头，把我们关到了门外。

于是，乡亲便又抱着我，拉着姐姐，一路颠簸地回到了无极古庄村。

歌里唱：世上只有妈妈好，有妈的孩子像块宝，没妈的孩子像根草。而我和姐姐，就真的像根草了。幸亏有奶奶，不然我和姐姐能不能长大成人都难说了。奶奶带着我和姐姐相依为命，我还记得小时候，奶奶对我说："你越长越像你娘，你娘可大个儿了，就是不知道你能不能长大个儿。"我听不懂奶奶话里的遗憾和疼爱，总是怕哪一天奶奶不要我们。

记得在我五岁的一天，老师在课堂上讲的内容比较难，大家都听不明白。我小，更听不懂。老师便让大家回去问家长。这在其他孩子看来都是再正常不过的事，但我却忐忑不安，因为有继母在，我根本不敢去一个小胡同之隔的父亲的新家。但是不把课堂上的东西弄明白，我心里也始终放不下。于是放学后，我就背着小书包，站在父亲必经的胡同口等着他。那天，我站在胡同口，翘首以待。父亲迟迟没有出现，却等到了出来办事的继母。

“哟，你个小兔崽子，在这里鬼鬼祟祟地干什么？”继母喝问道。

“我，我等我爹。”我心里很害怕，但是又不敢不回答，只好低着头，结结巴巴、哆哆嗦嗦地回答。

“等等等，等什么你爹你爷的！爹是你叫的吗？”继母上来就扇了我一巴掌，还踹了我一脚，顿时我的牙和鼻子就流血了。继母一把抓住我的书包，猛地扯下来往墙壁上猛甩，书包里的书和铅笔散落了一地。她继续骂道:“一个小丫头片子，还上什么学？整天爹啊爷地叫着，死了算了。”

我的继母一个劲儿地在那里骂我，我知道她本来就觉得我是一个多余的人。

我抓着自己的衣角，不敢哭出声，也不敢还嘴，怕她再打我。噙着泪，用手捂着嘴和鼻子，低着头，眼泪一直顺着脸颊往下流。我咬着牙，轻轻地擦了一下眼泪，瞟了一眼散落一地的书，继母还在不停地咒骂。我侧着身、横着步、屏着呼吸，想去捡起我的书。

“捡捡捡，捡什么捡？”继母看到我的动作，冲上去一脚踩住我的手。她一只手揪住我的胳膊，将我抡倒在地，又踹了我两脚，说：“死了算了，还上什么学？叫什么爹爹？那是你叫的吗？给我闭嘴，赶紧滚蛋。”

这时候，周围的很多街坊邻居都出来了，有些人在劝她，更多的人都有些怕她，都知道她性格泼辣，这时候谁去劝说，她就骂谁。

我站在那里，浑身都在发抖，流着泪又不敢哭出来，低着头也不敢动。

我奶奶听到继母的骂声，跑出来抱起我，边哭边说："可怜的孩子，咱回家，这书咱不念了。"说着拍了拍我身上的土，又把地上的书捡起来，装进书包里。我的继母还在不停地骂，骂我奶奶"你这个死老婆子"。奶奶头也不回把我抱回了我和奶奶的家。

我和奶奶的家跟父亲的家隔着一条胡同，斜对着。这条胡同不足三米，却如同世界上最远的距离。我和奶奶、姐姐住的这个房子是村里年月最久的，很多年都没有人住了。自从父亲娶了继母之后，我们就再也不能去他所在的那个东院，只能跟奶奶住在西院。西院有北房和东房，听奶奶说，西房当年因叔叔当八路军，被日本鬼子扫荡时拆成了乱土堆。抗日战争胜利后，叔叔回来给栽了好多桃树，奶奶在这里种了韭菜，还养了几只鸡。奶奶常常在我哭着喊着找娘时，给我做韭菜炒鸡蛋或荷包蛋，这都是我记忆里最好吃的东西。夜里我大哭大闹的时候，她总会抱着我在院子里走，嘴里哼唱着："小老鼠，上灯台……"

奶奶带着我和姐姐，日子虽然苦，但奶奶温暖着我们两人的心灵。家乡解放了，我终于见到了当解放军归来的叔叔刘焰和婶婶王君。

这段记忆，是我小时候最温暖的回忆。

☆与奶奶和叔婶在一起生活的日子☆

叔叔刘焰和婶婶王君都是老革命。在抗日战争时期，晋察冀抗日根据地是共产党重要的根据地，我们老家无极县从那时候就一直是活跃的游击区，也是日本鬼子多次残酷扫荡的地区。叔叔受革命影响，背着奶奶到河北省立保定师范学校读书，从此走上了革命道路，之后从事共产党的地下工作。早在“七七事变”之前，他就在北平跟随在彭真左右，积极地策划并参与抗日根据地的建设，组织抗日游击战争的开展。在抗日战争以及解放战争期间，他在执行任务期间被叛徒出卖，惨遭日伪抓捕坐牢。后来，他在中共地下党的领导下为解放石家庄筹备药品。新中国成立前夕，叔叔又在彭真领导下在北平做和平解放的准备工作。

新中国成立那年，也就是我四岁那年，叔叔把13岁的姐姐送到北京义利食品厂工作，和许多同龄的小姑娘一起包糖，姐姐从此有饭吃了。不久叔叔从老家把奶奶和我接到了北京，跟他们一起住在报国寺的家里，再后来搬到牛街派出所附近居住。

解放初期的叔叔、婶婶工作异常忙碌，但他俩一回家，屋里就非常温暖。这两位善良的革命长辈，成为我生命里的阳光，我一直把他们当作我的父母。

婶婶是一个非常善良的人，她有一女一儿两个孩子，但她对我跟对她自己的孩子一样好。当时叔叔婶婶受社会供给制度的影响，一大家子的吃喝，全部都依靠国家给叔叔和婶婶的待遇支撑，可她从来都没有少过我的一口饭。

婶婶心灵手巧，针线活特别好，能够双手使剪刀。奶奶曾夸过婶婶说："你婶子还双手使枪，打鬼子可准啦！"婶婶每次给她的孩子婉萍缝制衣服时，也给我做一身。每逢过年，我和婉萍都会穿上高粱红的带兜兜的衣服过大年，非常开心。我也是从婶婶这里体会到了什么是母爱。

在北京住了半年，奶奶就想回无极县的老家了，因为她在这里生活得不习惯。毕竟一辈子都是在农村生活的，到了大城市，确实有不习惯的地方。不过，奶奶去哪里，我就跟着去哪里。就这样，我们在农村住一年半载，又再回到北京住上几个月。虽然这么着两地来回有些奔波，可我觉得很快乐，有一种稳稳的幸福。因为不管在哪里，只要有奶奶陪着，我就不觉得孤单，不觉得害怕。

不过叔叔一家子人也不少，房子又小，再加上我和奶奶两个人，生活很不方便。于是叔叔就给我们单独找了一间房子，就在现在西城区赵登禹路的一个胡同里，虽小但很干净。

房东用长板凳为我们搭上木板床，铺上被褥，生了煤炉，我和奶奶就过起了小日子。哥哥、姐姐每周末都会来看我们。叔叔很孝顺，经常来看奶奶。

随着我一天天的长大，我非常羡慕背着书包去上学的小朋友。我跟叔叔说了想上学的想法，叔叔让我们搬到了莲花池八一农场那里。我就在附近的马导庙念小学，我和奶奶住的房子也大了一些。

这样，我在北京有学上了。农村和城里学校上课的进度不大一样，我却没什么不适应，一直跟得上，学习成绩也不错。叔叔怕我委屈，每天早上给我两角钱，路过铁路边的小铺时，可以买一个三分钱的烧饼和一角的开花豆，剩余的几分钱留给奶奶。

现在回忆起来，儿时最快活的时光，就是在八一农场的那几年。因为叔叔只要一有空，就会带我去小河边捞小虾。我们用奶奶用过的冷布和树枝制作成小网兜，叔叔牵着我的手，来到小河边撒网捞虾。夕阳西下，河边飘荡的尽是我们捞到小河虾时的欢声笑语。

☆与姐姐和哥哥聚少离多☆

虽然我有哥哥和姐姐，但由于母亲的去世和父亲的再娶，我们三个始终没能生活在一起，从小就被迫分开，聚少离多。

大伯在妈妈离世后，立即把七岁的哥哥接到北京，住在宣武区校场口的家里。大伯大娘非常善良，救了哥哥的命，还送他去上学。哥哥性格内向，但他非常优秀，无论是学习还是工作，都非常努力。他职工大学毕业后，加入了中国共产党，在北京电子管厂工作。

姐姐参加工作的时候刚满 13 岁，在北京义利食品厂包糖。随着国民经济发展，北京纺织厂招工。1952 年，姐姐已满 16 岁，婶婶带着她去国棉二厂参加招工考试。姐姐样貌端正，心灵手巧，顺利地通过了考试，当上了细纱车间的挡车工。她工作非常努力，每天在车间里来来回回地走，一个班下来差不多要走六十里地，厂子里每年评先进，她总是榜上有名。

由于奶奶老带我回老家，所以我和北京工作的哥哥姐姐见面不多，后来我参加工作，见面的机会就更少了。国棉二厂在北京的东郊八里庄，我参加工作的时候，厂子由鼓楼铸钟厂附近迁到海淀区东北旺，我和姐姐一东一西相隔挺远的。那时候我人小，路上的人也少，东郊还是挺荒凉的，交通也不够发达，我不敢跑那么远去找她。只是偶尔叔叔会坐着吉普车，来接我去他家和婶婶、弟弟、妹妹团聚。

我特别想姐姐的时候，就会去见她，差不多一个月一次吧。

记得有一次，我俩好长时间没见了。我去看姐姐，她见面就吓了一跳："呀，这些天没见，你就瘦成这样了。你等着，一会儿给你做好吃的。"姐姐从商店里专门买了肉，在她的家里炒了个圆白菜，烙了张饼，甭提有多香了。我边吃边和姐姐说起单位的喜与乐，高兴极了。

俗话说：长姐如母。我和姐姐差九岁，姐姐像母亲一样照顾我。我遇到大事小事，也都和姐姐商量。跟姐姐在一起的时候，我完全不设防，无论吃饭还是说话，都不用顾及太多，就像在奶奶身边一样，非常轻松。现在想想，那时候的感情简单而且温暖。

现在我姐姐年纪大了，她也在我这个老年乐园里享受晚年。

哥哥刘先坡平时跟我的交流、走动不多。后来我到市里工作，哥哥偶尔会趁着礼拜天来看我和奶奶。

哥哥他们那个厂子是做军用电子的，“文化大革命”后，他们厂被下放到了陕西宝鸡的大山里。由于这个原因，我们兄妹俩有好多年没有见过面，也一度失去了联系。一直到后来，我无意中听说，他们工厂在十里河那边设立了一个办事处，这才辗转找到了他。

我和哥哥聊起这些年的生活，都是不胜唏嘘。那会儿，金梦圆老年乐园刚刚建立不久，我说想让他来帮我，他同意了，就在金梦圆里做副院长，管理后勤工作。哥哥忠厚而踏实，对锅炉房有研究，又会团结人，帮了我不少忙，而且为我培养了不少后勤管理人员，现在的罗春晖副院长就是他一手带出来的。

说起来，我们三个孩子里，哥哥被大伯收养，命是不错的。可他和我们一样，也是没妈的孩子，大事小事都闷在心里，自己扛着。有一阵子，家里发现他特别难受，就问他怎么了，他一直说没事没事。但后来家人实在是放不下心，硬是拉着他去 301 医院做检查，查出来竟然是前列腺癌，而且已经到了晚期，手术都没办法做了。就这样，2008 年，哥哥去世了。

哥哥的后事是我去宝鸡帮忙办理的。我到了那里才知道，他在宝鸡电子管厂工作得不错。在遗体告别仪式上，来了很多他当年的老工友，一个个身上的衣服洗得发白，甚至都露出布丝。老同志们的衣着打扮透露着那个时代的气息，显示着时代特有的朴素和淳朴。车子一辆接着一辆，从山里开到告别仪式的现场，还有周围小学里的学生，他们也来送我的哥哥。

这个场面带给我很大的震撼。我和哥哥在一起生活的时间实在太短了，对于儿时的经历，我都没有太多印象。他的工作经历，我都是从别人那儿听说的。直到他去世的时候，我看见他的这些老工友们，才好像真的感受到他，离他的世界近了一点。

我从小缺爱，最怕面对的就是亲人的离去，对于自己的亲人总是有太多不舍。那些我最亲的人，我却总是和他们聚少离多，不能常常在一起。这种感觉，在我的生命里反复出现。但我内心深处，对家的渴望和眷恋从来都没有消失过，一直陪我走过之后的几十年。

☆我的祖母☆

我奶奶嫁给爷爷的时候，地主家业已经破落。小儿子刘焰出生时爷爷已经去世。待刘焰懂事的时候，受革命影响，又悄悄离开奶奶到保定师范学校上学。

叔叔刘焰是八路军，他从河北保定师范学校毕业后，加入地下党，在敌伪统治区担任要职。因为这事儿，抗日战争时期，奶奶曾受到日本鬼子无数次的威逼，甚至绑上柴火和竹帘要烧死她。奶奶宁死不屈，不出卖儿子，不出卖八路军的任何情报。

奶奶性格坚强且明事理，与我妈妈情同母女。但不幸的是，在妈妈因伤寒病而离世后，父亲再婚，狠心与奶奶分家，奶奶独自担负着抚养我和姐姐的责任。奶奶把我搂在怀里时，我曾经多次听到她的哀叹。但不管生活多么艰苦，她从来没有屈服过，从来没有退缩过，更没有过任何要离开我们的想法。

我奶奶年轻时很漂亮，大家闺秀气质，但裹脚一生，让她受了很多累，吃了很多苦，不过依旧干活利落。叔叔在外闹革命时，她毫不埋怨而且承担着非常多风险。

村里人说，日本鬼子质问她儿子在哪儿时，奶奶都是用鄙视的眼神说：“那是我儿子，他到哪儿去我能给你们说吗？他干他该干的事儿去了。”奶奶英勇不屈，鬼子想用枪挑她，用火烧死她，都未达到目的。

奶奶在那个艰苦的岁月活到了74岁，直到我成家立业。“子欲孝而亲不待”，等到我们有能力报答奶奶养育之恩的时候，“文化大革命”开始了，叔叔婶婶被隔离，被揪斗。奶奶忍着心痛，看着叔叔身上被皮鞭子抽打的道道血痕。1976年春，在老家河北无极县古庄村，那个惦记叔叔婶婶的夜晚里，我亲爱的奶奶与世长辞，永远地闭上了她那双久经沧桑的眼睛。

第二章

献爱给工作

☆13 岁参加工作时的生活☆

初一上完之后，由于交不起初二的学费，我只能辍学了。当时在北京，奶奶一直带着我，怕我一个人太小，照顾不了自己。遇到生人，我还会躲在奶奶身后，她去哪里，我就去哪里，祖孙俩过着相依为命的生活。

在北京不比在农村，农村好歹还有个大院子，种点粮食，不怕饿肚子，院子里随便种点蔬菜，也够两个人吃。总之，填饱肚子还是有办法的。但在城里就不行了，吃穿用度都需要叔叔给钱。

13 岁的我当时觉得自己身上有压力了，是生存的压力，也是生活的压力。于是我跟奶奶商量之后，就决定外出工作。

我的第一份工作是个临时工。当时在北京马家堡那边有个机械厂，主要生产孵化机里的调节器，我的工作就是跟着师傅学挫调节器。

这个活儿听起来似乎很简单，对我来说却一点都不简单。我个子小，够不着工作台，力气又小，握力不够，干活非常慢。那个带我的师傅，对我特别好，他专门给我找来一个凳子，我每天站在凳子上，用挫子一点一点地挫调节器。和师傅学挫调节器的时候，需要我用手心去摁那个挫子。因为长时间操作，用力过度，最后得了腱鞘炎。腱鞘炎是非常疼的，刚开始只能自己忍着，不敢跟奶奶说，怕奶奶担心我，不让我去上班。也不敢跟师傅说，怕人家不要我。后来实在是疼得不行了，师傅带我去协和医院做了一个小手术。虽然只是个小手术，但时至今日，从外表细看还能看出淡淡的伤疤。

我做临时工时的工资是一个月 27 元，这可不是一笔小钱，我跟奶奶两个人的生活费，靠的就是这 27 元。我们在工厂附近找了一间房子，距离铁道比较近，除了火车路过的时候稍微有些吵，其他方面还是非常方便的，叔叔每到周末都会来看我们。

这份临时的工作，我还是很满意的，不仅仅是因为有了工资，更重要的是我终于可以凭借自己的能力，养活我和奶奶了。

我在 1959 年 3 月进入北京家禽孵化厂，在孵化车间当学徒。这是我的第一份正式工作，一个月的工资 17 元，比临时工的工资还低 10 元。师傅告诉我，表现好的话，每年会涨 2 元，还会有奖励。第二年，我的工资果然涨了 2 元，够我用的了。我每个月的伙食费仅 7 元，剩下的钱全部交给奶奶。我也没什么花销，一个夏天花 6 元买两件短袖线衣就够穿了。

自从我在家禽孵化厂工作之后，奶奶也就不再无时无刻地照看在我身边了。她知道我渐渐地独立了，在北京，她本来就住不大习惯。在我小的时候就是如此，每年都会在北京住几个月，再回乡下老家住几个月。等我自立了，家禽孵化厂有食堂，又有员工宿舍，还有团组织、工会、党组织“照看”我，奶奶也渐渐地对我放心了，她隔一段时间就回乡下去住。后来由于国家的某些政策，再加上她个人的生活喜好，基本就不来北京了。当时的通信条件很差，我跟奶奶的联系也渐渐少了一些。但是我经常会想起奶奶，有时候实在是想念得很了，就会给奶奶写信。我知道奶奶看不懂，不过没关系，村里有读书识字的人，有时奶奶也会让邮递员给她念信。我想，奶奶在听我的信的时候，肯定泪流满面。我有时候想奶奶了，不敢对别人讲，只能晚上躺在床上偷偷哭。

我在家禽孵化厂工作的第三年，月收入达到了 21 元。虽然不算非常多，但是我还是很高兴，这也证明我的工作有了进步，得到了组织上的认可。后来，厂里将我从车间调到办公室做出纳，这对我来说又是一个新的里程碑。虽然当时我对于出纳的一些专业知识一概不知，但是我还是接受了任务，决心边干边学。

我初一上完之后，初二没钱上学，上学这件事就一直是我的一个心病。突然有一天，负责人事的魏老师让我填了张表，说我可以报名参加北京财务学校的招生考试。不久，北京财务学校开始招生，我拿着厂里的介绍信，参加了当时在宣武区白纸坊学校的招生考试。最终我如愿以偿地考上了该学校的会计专业。这一上就是三年，1965 年我从北京市财务学校毕业了。

我在家禽孵化厂工作了七八年，后来因为国家整改，家禽孵化厂的各个车间都被下放到了北京不同的郊区。有的车间被分到了上庄农场，也有的车间被分到了老爷山，我所在的办公室被整体下放到了东北旺。

在东北旺我认识了曹秀英，我被下放到东北旺孵化厂不久曹秀英参加工作，我俩就在一起工作，至今已经 58 年了。她家就在东北旺，曹秀英在家排行第五，大家都叫她小五。她说我好，她妈妈也说我好。老人家知道我的身世后，对我也倍加疼爱。在国家困难时期，那个缺盐少油的年代，老人时常自己家不吃也要给我炸一大瓶肉丁酱。就在我写作时，仿佛还闻到了那瓶肉丁酱的香味儿。我虽然没有母亲，但却得到了一位善良母亲的关爱。这位好心的母亲，现在也该一百岁了。她离世已快 20 年，但我却时常想起她。

老人家临终前得了糖尿病并发症，双眼已看不到东西，但只要听到我的声音，她都会颤抖着双手摸向我："孩子，让我摸摸。你小时候太苦，长大了，千万别忘了嘴，啊！你小时候太亏了，自己挣钱了，别委屈自己了，啊！"

故人已去，音容笑貌犹在眼前。

我也把曹秀英当妹妹看待，前一段时间，我俩还在一起聊天，她问我说：“姐，你算没算过，咱俩认识多少年了？”

我当时也是一愣，心里感慨道：是啊，都认识了好多年，嘴上说着：“还真是没有仔细算过。”

曹秀英笑了笑，伸出手画了两个数字，说：“整整58年了。”

58年，弹指之间，但确实已经过去半个多世纪了。

这样的同事，这样的朋友，人生能有几个？

☆奖励和荣誉不断的孵化厂以及牛奶公司的工作☆

现在回想起来，我对那几年在家禽孵化厂的工作还是挺怀念的。

我记得我们的厂子在鼓楼大街附近。我住在学徒工宿舍，有时候趁着倒班的时间，我会跟同宿舍的同事一起去逛街，从铸钟厂一直走到鼓楼大街。

当时的北京城与现在大不相同，到处都是古老的青砖城墙。紫禁城还是红色的围墙，金色的宫殿。钟鼓楼还在，只不过当时的钟鼓楼因为遭遇了八国联军的破坏，里边的“暮鼓晨钟”都已经被抢走了，只剩下一座几十米的高台建筑。

听周围的老人说，民国的时候，钟鼓楼改名叫明耻楼，是为了让国人记得八国联军侵略中华的耻辱。后来又改名叫齐政楼，大致是统治者想要告诉人们，一定要政治清明的意思。不过，新中国成立之后，人们还是把钟鼓楼叫回钟鼓楼，但只是空有“钟鼓楼”之名，再也听不到暮鼓晨钟的声音了。听周围的老人说，以前铜钟和牛皮鼓还在的时候，每日天亮都会先击鼓，后撞钟。撞钟时先快击十八响，再慢击十八响，俗称：紧十八和慢十八；快慢相间击十八响，反复六次，一共一百零八响。钟声可以响彻整个北京城，告诉人们时间，提醒人们辛勤工作。

节日期间，这里还有庙会。举办庙会的时候，这里就是北京城最热闹的地方了。那些吹糖人、捏泥人的匠人还在；那些卖豆汁儿、焦圈、炒肝、鸡杂、糖葫芦的小摊儿还在；那些粘风筝、画面具的艺人还在；还有一些新时代的元素，就是卖衣服、套圈、小玩具的小摊贩。

我们几个年龄差不多的同事顺着人流穿梭，夏秋季节，还能买到糖炒栗子。这糖炒栗子可算是奢侈品了，一斤 4 角钱。我们那会儿一个月的伙食费才 9 元，一顿饭平均下来才一角钱。这一斤糖炒栗子就是一天多的饭钱，一般都不舍得买。不过，大家都是难得出来一次，就买上一斤半斤的，大家一起吃。栗子甜，人心也甜。

也有的同事喜欢买衣服，那时候卖的衣服也没有太多的样式和颜色，只有卡其色、小暗花等，女孩儿都正值爱美的年龄，也都想让自己漂漂亮亮的。我在当时算是非常节俭的了，一夏天只有两件短袖上衣轮着穿。本来单位都有工作服，秋冬天凉，但我买不起棉衣和毛衣，看着别人穿着暖和又漂亮，心里想着自己如果也能这样该多好啊！我便买了一些质量不错的毛线，向别人学习织毛衣。但由于技术不行，一直也没有穿上那件毛衣。

不过，每个月我都会在厂子的储金会存5元钱。一年下来也有60元。这是很大一笔钱了。我姐姐有三个孩子，她喜欢缝缝补补，很需要一台缝纫机，我就用储金会存的钱补贴她，让她买了一台缝纫机。后来，我还花80元给自己买了一块上海出的手表。

不过大多数的时间，我都是待在单位里。好好地学习会计的相关知识，闲暇的时间我会读一些书，比如《钢铁是怎样炼成的》《简·爱》等。再者，就是给奶奶写写信或者去姐姐家里找姐姐聊天。

我工作是非常努力的，厂里也很重视培养年轻人。在进厂的第一年，我就被厂里评为“三八红旗手”和“五好青年”。那是我人生中的第一份个人荣誉，配戴大红花，颁发一份个人奖状，还有荣誉证书；还有发的奖品，一支英雄钢笔、一个脸盆、一个本子。当领导在颁奖会上叫我的名字时，所有人为我鼓掌，我红着脸，不好意思去接这些奖励，心中却充满了骄傲与自豪。记得还有一次，奖励了8元钱，我不好意思地扭过脸去，是师傅帮我接过来的，由于太激动，也没有听清楚是为什么得了这个奖。

我也是发自内心地感谢师傅们的教导，感谢孵化厂对我的培养，感谢我的奶奶教我做人，我更要感谢党，给了我们这样和谐、稳定的社会主义生活。记得那时，我开始偷着唱歌，从车间一路哼到楼上宿舍，哼的都是《社会主义好》！

还记得被评为“三八红旗手”和“五好青年”那天晚上，我趴在被窝里，打着手电筒，用那支新钢笔给奶奶写信，告诉奶奶这个好消息，告诉她我得到了大家的认可。我想给奶奶买一双凉皮鞋，被奶奶拒绝了。

之后，每一季、每半年、每年我都会得奖，各种不同级别的奖，像公司级的“先进个人”“三八红旗手”“五好青年”等，后来，我还受到北京市级一等功的奖励。

获得荣誉的同时，每次的奖励也各不相同，奖状、荣誉证书是每次都有的；其他奖励，比如毛巾、钢笔、洗脸盆、茶缸、毛主席语录等，还有的给一枚漂亮庄重的勋章。

荣誉，不管大小，都很光荣。

有一天，党委书记朱淑英叫我到她办公室，对我说：“小刘，这两年你工作努力，人也老实忠厚，这是大家有目共睹的。希望你能够靠近组织，积极入团。以后好好工作，好好学习，争取早日入党。”

然后我填写了入团申请书，在团组织的帮助下，我加入了中国共产主义青年团。在党组织的不断培训教育下，于1965年9月，我成为中国共产党预备党员。

这一切都让我很自信，如今这一幕幕也经常在我的脑海里浮现。

在这里，我不得不提及朱淑英，她是我的人生导师。

朱淑英年长我 8 岁。我进入北京家禽孵化厂工作时候，她才 20 多岁，当时她在阿富汗援外，回国后一直带着我前进。是她引导我加入中国共产主义青年团，又是她介绍我加入中国共产党。是她教我低调做人，正派做事。我后期的发展和进步，无不与她的教导有关。至今我仍时常想起她，称她为“朱师傅”。

朱师傅还教了我许多关于孵化的技能，还有其他的技艺，比如唱歌、拉琴。我向她学习国外民歌 200 首中的《喀秋莎》《莫斯科郊外的晚上》《纺织姑娘》《我们举杯》《深深的海洋》《太阳落地》等多首经典歌曲。在她的影响下，我买了手风琴，还在一个手风琴培训班学了半年琴。从此，我的生活格调发生了变化。歌词让我了解了第二次世界大战给那代人带来了多大的痛苦，基于此，我又读了很多世界名著，这让我的视野更加开阔。

一直到现在，每当我们举行联欢会的时候，在我开口唱《莫斯科郊外的晚上》这首歌时，我的眼前都会浮现出我那位貌美、庄重、大方的“朱师傅”。

这些年，每逢金梦圆召开联欢会，老人都会在下边喊：“院长唱《莫斯科郊外的晚上》！”好像老人能够看穿我的人生，看透我的心底似的，每当老人呼喊时，我眼前都会情不自禁地浮现出“朱师傅”这个让我终生受益的恩师的身影！

☆年轻的北京东单牛奶站共青团书记☆

随着北京市人民生活水平的不断改善，北京牛奶总站扩编成立牛奶公司，下设若干个牛奶站。东单牛奶站在协和医院后边，即现在的协和医院门诊部的位置。1966 年 5 月，我被调到东单牛奶站工作，做主管会计，接替一位年长的老会计。

当时正值东单奶站团支部改选，我被选为团支部书记，老革命平吉行那时候是党支部书记兼牛奶站站长。当时我心里还是有些发怵的，那时候的党团支部工作要求很严，我才 19 岁，什么都不懂，也不会，怕做不好，让大家失望。不过我并没有退缩，迎难而上，积极工作，在大家的共同努力下，还是取得了不错的成绩。

但是几个月后，也就是 1966 年的下半年，“文化大革命”风起云涌。我的麻烦也随之而来，这不是干不好的问题，而是会计工作和团支部工作都不让干了。

中华人民共和国成立以后，我叔叔刘焰根据党组织需要，在国务院内务部农垦部工作，后来内务部改为民政部，农垦部更名为农业部。叔叔刘焰有文化，又是个老革命，“文化大革命”初期，红卫兵说他是修正主义分子，对他进行了惨无人道的批斗。因为这层关系，当时有二十多个党外工人干部联名签字，要开除我的党籍，并冲进财务科夺了权，大幅标语从锅炉房顶挂到地上，现在想起来，我当时真的好害怕，主要是因为我不知道怎么了。

晴朗的天空乌云密布，各种组织应运而生，他们人多势大，挺好的同事一下子疯狂起来，变得六亲不认，什么事情都做得出来。他们把我的长发辫剪去一条，我也只好忍着，不敢申辩。在食堂批斗完平吉行书记，又说我是黑帮养大的，不是好东西，是红得发紫的修正主义苗子，不能当会计，造反派领导小组责令我到车间里去刷牛奶瓶子。

北京牛奶公司之前叫北京牛奶总站，成立于 1958 年，到了 1968 年才更名为北京牛奶公司。那时候送牛奶的瓶子都是小口径的玻璃瓶，有大瓶，有小瓶，容量不等。刷瓶子其实是最累的活儿。因为瓶口较小，需要用一种特殊的套在电动机器上的毛刷子来刷，毛刷子毛很长，很软，能够深入瓶子里边才能刷干净。洗瓶子的车间里喷洒着大量的消毒水，人们穿着长筒胶鞋在车间里工作，而且工作量非常大。最难受的就是冬天，有暖气，但水很凉，用手抓着玻璃瓶，更是寒彻骨头的凉。

每天都有大量的瓶子要刷，是流水线作业。站在刷瓶机旁，刷瓶子要快，两条腿要分开站稳，否则瓶子就会飞出去。一开始我不适应，一天下来连握拳都握不住，手腕还发痒，非常难受。站了一天，腿疼得发木，根本抬不起来。再加上一天吃不到合适的饭，更是头晕眼花，走路晕眩。

终于有一天，我病倒了。

本来，造反派是不允许我去看病的，又忍了三天，连续高烧不退，造反派领导小组看我的样子实在是坚持不住了，再加上师傅们给我说情，他们才允许我去看病。

从牛奶站出来，我才发现，这个城市一下子变得好陌生，就好像我已经有好多年没有上街了一样，到处都是戴着红袖章提着皮带的红卫兵。街上有些地方在搞批斗。我本想坐公交车去医院，但我走到车门口，上边写着：地主鬼子快下去，贫下中农快上来。车站和车里那些戴着红袖章的人对我怒目而视，说什么都不肯让我上车，甚至都不让我接近公交车。

我一想还是算了，距离协和医院也不是很远，就拐进胡同走路去了协和医院。

☆意外的医院情缘☆

我来到北京协和医院看病，连挂号都遇到了困难。挂号室说我是狗崽子，不给挂号。我一再乞求他们，最后挂号室随手一指，说:“你只能到那个旮旯去看看，那儿有个大夫，他给你看，你就看，不给你看，你就快滚。”

我顺着他们指的方向，来到一楼往里走的一个拐角处，一张小两屉桌，一把椅子。椅子上坐着一位穿白大褂手里拿着听诊器的男大夫，我一过去他就和气地点头。后来我才知道他叫张孝骞，是知名的内科专家，被当成反动学术权威挨批斗，所以没有资格进诊室看病。他就是我的救命恩人。

张大夫见我走过来，不仅微笑地点头，还赶紧站起来，让我坐在椅子上，弯腰给我听诊心脏、量血压。

突然他对我说：“不行，不行，马上化验。”他找另一个大夫要化验单，让我去化验。

当我把化验单递给他时，他立即紧张起来，对我说："你必须住院，否则你有生命危险。我给你写一封介绍信，你马上去隆福医院找我的学生刘永昌住院，一分钟都不能耽误。"我带着他的介绍信找到了刘永昌大夫，住进了隆福医院。刘永昌立即对我进行了抢救。

后来刘大夫告诉我，他的恩师张孝骞是中国内科大专家，医术高明，医德高尚。当时我的心里在想：这么个大好人怎么可能是坏人呢？他的医术、他对病人的态度都这么好，怎么就成了反动学术权威的呢？

"文化大革命"后期，张孝骞已经60多岁了，当我知道他被隔离时，曾到处打听，想为他做点什么，但一直被他婉言拒绝。后来听说他病了，我想去照顾他。没想到，他竟走了。我再也没有机会去照顾他，报答他的恩情了。他是给我第二次生命的人，哪怕在他非常困难的时候，他依旧在千方百计地践行治病救人的职责。而当他生病后，我却没能像他千方百计帮助我那样去照顾他，最终留下了终身的遗憾。

苍天如有眼，代我向久眠的张孝骞大夫致歉！

在隆福医院住院期间，我遇上了生命里最重要的人，那就是陪我一生的爱人贺程浩。

贺程浩是宁波人，1957年考上北京农业大学（现为中国农业大学）畜牧系，1962年毕业后分配在中国农业科学院畜牧研究所工作。

我第一次见他，是在东北旺的孵化厂。贺程浩还有他们北京农业大学的三届同学，都在孵化厂里实习。在去食堂吃饭或者工作时遇到，一般也就是点点头，或者说句“你好”，打声招呼。那时候仅仅是觉得这个男同学文质彬彬的，很有气质，听说是他们的班长。

有一天，朱师傅和贺程浩的老师艾文森、朗振美三人找到我，问我对贺程浩印象如何。我以为是在给同学们做实习鉴定，随便回答说挺好的。谁知道同学们离开孵化厂的当天，贺程浩悄悄给了我一封信。从此以后，他无论在学校还是在牧区实习，偶尔会给我写封信，内容全都是跟工作有关的。我也时不时地回上一封。我们的来往信件都不是谈情说爱，但我依旧觉得很有意思。我记得那时《草原之夜》这首歌刚发行，他用手抄了寄给我。那时他在呼伦贝尔牧区蹲点实习，等他回来的时候我们见了面，他把这首歌唱给我听。

总之，我们之间有联系，但并不算多，一年也就两三封信，信中也都是鼓励彼此进步和向上的话。“文化大革命”的遭遇，我从来都没有给他说过。然而我在隆福医院住院不满一周，贺程浩和畜牧所所长周鼎年两人竟然来到了医院。

我看到他们两人的时候，还是有些诧异的，甚至不敢相信自己的眼睛。

周鼎年对我说："听说你生病了，我们俩来看看你。知道你一个人，没人照顾，太孤单了，我们来陪陪你。"

病人，都是脆弱的。

孤单，是需要陪伴的。

当时他这一句话，并没有什么特别的，但却让我非常感动。仿佛他们就是我可以依靠的人。瞬间，我热泪盈眶。不过，我还是拼命忍住了。他们陪我聊天，其实主要是他俩说，我听。他俩是大学生，见多识广，知识丰富。他们给我讲在呼伦贝尔大草原的故事，讲那里的天有多么蓝、云有多么白、草原有多么辽阔、骏马有多么狂放，不论天上地下，眼睛所到之处，哪里都像画中那么美丽。

那个下午，是我那二十多年的生命里，感觉最放松、最愉悦、感觉过得最快的一个下午。

快乐的时光，总是短暂的。

下午三四点钟，他们走了。

我心里竟然有一种依依不舍的感觉，可又不好表达。他们走了之后，我心里有一种失落感，也不知道是为什么。

直到后来，我总会去回想那天下午，或许，那就是爱情的滋味。

贺程浩他们走后的第二天、第三天，我每天都有些期待，期待他们像临走时说的那样，还会来看我。可每天都会在期待中开始，在失落中结束。

第四天，他们终于来了，这次没有怎么聊天。

周鼎年看了看我，说道："我这人比较直接，小贺不说，我就替他说了。前几天从这儿走后，我们没有跟你商量。你这么孤苦伶仃的，外面又这么乱，出院之后你上哪儿去呀！小贺同志喜欢你，想跟你结婚。他说他能照顾你。当然，我们所里人多，有些你也认识，也都会照顾你的。所里把你们的新房安置在陈幼春家的那间小房子里，你看行吗？"

这突如其来的人生变化，让我一下子蒙了。因为我和贺程浩还未到谈婚论嫁的时候。我吃惊地望着他俩期待的目光，不知如何是好，最后还是周鼎年说了话："我们还要回去整理房间，明天一早我们来接你出院。"

第二天早上，周鼎年和贺程浩把我从医院接到了中国农业科学院畜牧研究所马连庄宿舍 6 号楼陈幼春同志家里，那是一间大约 8 平方米的小房间。两张单人床拼在一起，有一张三屉桌，一个小木凳，一把木椅和三屉桌上的一盏台灯。贺程浩和我将单身宿舍的被褥都搬过来，这就是我们的家，一个温暖的港湾。

我们第三天上午到东北旺乡政府办理了结婚登记手续。1967 年 2 月 11 日，我们结婚了，当天我们认识的人都来祝贺。但那几天全北京市的商场都关门停业，我们买不到一块糖和任何日用品，同志们用最时髦的方式——送给我们毛主席语录来祝贺我们，我们还收到了两个绿色的塑料水杯。周鼎年夫妇送给我一个漂亮的闹钟。这些礼品我们至今都保存着，这是我们最初的纪念。当时，畜牧研究所的金月英为我们主持了一场简单明快的婚礼，我们还唱了《大海航行靠舵手》。至今想起来，都备感温暖。

☆ 2 号调令让我们安定的生活又起波澜☆

（一）

我们婚后，书放在床下拿出来看很不方便，就花 17 元买了个书架，要知道那时候我们两人的工资一共也就 96 元。书架上摆满了毛主席的著作，以及贺程浩和我的一些专业类书籍。一直到现在，那个小书架伴着我走南闯北、风风雨雨 50 年。

婚后贺程浩对我特别好，只要他在家，家务活都是他做，贺程浩是宁波人，做饭特别好吃，我总是对他的手艺赞不绝口。嫁给他，我那颗漂泊无依的心有了依靠，从小就缺乏的安全感，也在他身上得到弥补。从小缺失的爱，他全部都补给了我。

尽管我们的房子小，但我们没感觉它小，因为家很温馨。而且陈幼春和林诚玉夫妇也很照顾我们，特别是在贺程浩出差的时候，他们给了我无限的关爱，他们的两个宝宝也给我们的生活增添了无限的乐趣。

后来我跟贺程浩搬了一次家，从陈幼春住的6号楼搬到了周鼎年住的3号楼，他们家也是两间房子，我和贺程浩住的那个是小房间，不过比之前那个大一些。周鼎年的爱人是国棉三厂的一个工长，夫妇两人对我也特别好。我之前一直都是一个人，后来在孵化厂，在牛奶站，都是到食堂吃饭，所以也不太会做饭。贺程浩在家的时候，是他做饭，他不在家，周鼎年做饭给我吃。后来觉得分着做太麻烦，索性我们两家就吃一锅饭。过去50年了，如今回忆起那段时光，竟是无限的甜蜜。

（二）

美丽的呼伦贝尔大草原深深地吸引着科研人员。

婚后我仍不能上班，血色素到达6克就上不去了，一直在西苑医院看中医，吃中药。结婚后没多久，贺程浩就要出差去呼伦贝尔蹲点，当他告诉我这个消息时，一种无着无落的感觉从天而降，其实他也在担心我不会熬药不会照顾自己。我们很矛盾。他是研究畜牧的，一蹲就是几个月，一年到头，也就两三个月在家，但这是无法改变的，也是必须的。最后，我们还是毅然决然地服从工作安排。

1968年年底，我们的大女儿出生，贺程浩给她取名叫贺梅，梅花傲骨，在冬天凌寒而开，“梅”又谐音“美”，寓意我们的生活美满，也希望女儿能有个美好的人生。说起来，我跟隆福医院还真是有缘，我跟贺程浩在那里结缘，我们爱情的结晶也是在那里诞生的。贺程浩可高兴了，周鼎年拍照技术好，他们俩给贺梅照了很多相片。过了 56 天，我产假结束后开始上班，我们找了一位带孩子有经验的李大妈帮忙带孩子。

贺梅出生不到两岁，中国农科院 2 号令要求开展面向农村、面向边疆、面向祖国最需要的地方的下放运动。畜牧研究所成员下放青海。贺程浩也是其中之一，他被下放到了西宁北川一个叫石头磊的地方，那里是青海省畜牧兽医研究所的所在地。我在北京住在马连洼农科院畜牧所宿舍，从东单到马连洼每天路上时间太长，来回上班太远，尤其是晚上回来还要照顾贺梅，非常不方便。因为我从小身边没有母亲，没有父亲，所以我知道没有父母爱护的孩子是多么的孤单，害怕。我就到东单房管局去，说明情况后申请要一个距离工作单位近一些的房子。没想到房管局还真给找了一间，就在东单胡同，就是环境差了一点。这是个老北京四合院，是南房，又是紧靠院里五六家共用厕所的一间屋子，约 8 平方米不到，潮湿而且气味难闻。不过，确实离我单位很近。上班的时候，我把贺梅托付给附近一个胡同的邻居；下班抱上她，过个胡同就到家了。

我自以为安稳些，但贺程浩在青海很担心我们住得不好，又非常想念女儿，信是一封接一封地来。主要内容就是让我带着女儿跟他一起到青海去，说青海那边的房子特别好，都是地板房，不潮湿。我之前从农村到北京，再到后来工作的宿舍，住的都是土地面或者水泥地的房子。当时觉得能够住地板房的都是有权势的人。乍一听那种有地板的房子肯定不错，又感受到他思念女儿的迫切，而且当时农科院畜牧所也在不停地动员家属到边疆去。但牛奶站的军代表一直希望我能够慎重，担心我年轻带着孩子，到了青海生活不习惯，一直劝我多考虑考虑，这些话我当时都听不进去，铁了心要去青海。于是，我多次向牛奶公司军代表申请，于 1969 年 12 月 19 日到达位于青海西宁石头磊的青海省畜牧兽医研究所。

到了青海之后，我和贺程浩不在一起工作。他们在研究所，我在制药厂监察室，又给我安排了团支部书记的工作。老同志们都很热情，可我适应不了青海的气候，因高原反应，我喘不上来气，非常难受。空气干燥稀薄，尤其是冬天，干冷干冷的，必须穿着厚厚的军大衣，很沉。但贺程浩和他的同事从不叫苦，努力适应。

1971 年大年初一，一件意想不到的事情发生了，北京市牛奶公司的人事部给我发来调令，说北京要建立北郊种公牛站，急需人才，希望我立即回北京牛奶公司主管财务。并请贺程浩和我一起回京，为北京畜牧业的发展出力。

贺程浩说："现在中央说，'面向农村，面向工厂，面向边疆，面向祖国最需要的地方’。我在这儿的科研任务还没有完成，如果我现在回去，岂不是愧对组织的信任？我怎么能够放弃自己开展了一半的工作，逃回北京？”

由于我在东单牛奶站当会计，还担任过团支部书记一职，工作表现受到当时军队的认可，所以又发调令让我先回去。

我开始还劝贺程浩跟我一起走，我说：“咱们回去吧，难道回去就不能为国家出力了吗？到了北京去成立种公牛站，这也是你的专业呀！”

贺程浩说：“建立种公牛站，到研究院再找人就是了，我在这边已经工作了好几年了，换一个人，他就得重新适应这里的环境，重新做相应的实验，重新做研究，这么多年的工作岂不是白费了吗？我们的国家还很落后，不能这样无谓地浪费时间。”

我明白他说的都是对的，可我又不太甘心，无奈说道：“可是，我……”

贺程浩看到我的表情，也很不忍心：“我知道，这两年你在这边不适应，你和梅都吃了不少苦，受了很多委屈。你在这里也发挥不了自己的专业和能力，梅在这里老闹病，老待在这里对她成长也不利，你的心脏看来也不太能够适应这样的环境。要不这样，你跟女儿先回北京，过两年，等我这边的工作告一段落，如果那时北京还需要我，我再回去。”

大局已定，也只能这样了。

但没想到，这一别就是九年。

九年中，他每年都不能如期回家，即使回家，他的假期连路程只有 42 天，他还要拿出 12 天时间去上海和安徽，分别去看望姐姐和嫂嫂。我们当时手头拮据，也不能同他一起前往上海和安徽，只好在北京盼他。他与我和孩子们只有 30 天相聚的时间。

今天是我和贺程浩 50 周年金婚纪念日，但他却在我们金婚纪念日前的第五天离我而去。

那天，大女儿贺梅抱着我大声哭喊着“爸爸”，说着：“我还没告诉您呐，我去年得奖了！”又奔回床上搂着刚刚咽气的爸爸喊“妈妈”。小女儿则面对爸爸，抓着他的手叫着，哗哗地流着眼泪。

我昏昏沉沉的，感到天好像塌下来了。

我和贺程浩从相爱到结合，经历半个世纪，我们曾经为爱而沉醉，因遥远而祝福。

他一毕业就被下放到呼伦贝尔草原蹲点时，《草原之夜》开始流行，他给我写信发他抄写的歌词，说回来时要一下火车就唱给我听。他的歌唱得非常好听，有点像男高音。我们的宝贝女儿也很喜欢听，小女儿长大后也会唱这首歌。

1978 年 1 月 3 日，我的小女儿在宣武医院出生。贺程浩做了两种准备，如果是男孩就叫……，如果是女儿就叫“竹”，他告诉我这叫“梅竹报春”，咱们家每天都是温暖的春天。

他很有意思，特意到商场给我买了一套带小粉花的秋衣，他对着10岁的大女儿梅梅和正在襁褓中的小女儿竹竹说："你们快看，我给妈妈买了个花园回来，妈妈一穿上，咱们全家就是大花园了，就等你俩年年报春啦！"

快乐、包容、无所不能的老贺使我们的家永远充满着欢乐、信任。即便是大女儿在三屉桌上做作业，小女儿在纸箱上做作业，我和贺程浩在沙发扶手上办公时，我们的家依旧每天都是快乐。

小女儿出生后，贺程浩每月从青海寄回50元，加上我的工资，我手中就有百元出头的收入。我很注重两个女儿的饮食和生活，要像她们爸爸在家时那样让她俩吃好，能够健康成长。

当然这就没钱买新衣服了。我开始把我和贺程浩的大衣服改为小衣服，大毛衣拆了织成毛背心和新毛衣。大女儿上大学后，我们娘俩只有一双丁字带的皮鞋，谁需要谁穿。

梅、竹两人在家庭文化的熏陶下，分别从北京八中和北京35中考上中国人民大学和首都经济贸易大学。大女儿前几年考上了签证官，工作很认真。这几年祖国强大，来中国的外国人很多，她工作仔细不出差错，时常能够得到奖励。小女儿贺竹大学读了双学位，工作两年后考了中国政法大学研究生，毕业后当了律师。我们两个称心的女儿，又为我们生养了外孙和外孙女，那么多人都羡慕我们这个充满爱的家庭。

可是今天，我最亲爱的贺程浩却离我而去了。

我心里是很内疚的，因为他在医院备受化验的折磨，他因吃不下饭消瘦而住院，医院做了各种检查，他都忍着，最终也没有确诊得了什么病。正当我想接出来自己看管护理之际，贺程浩却离我而去。我的金梦圆老年乐园又面临着被迫强拆的困境。这时候繁忙的工作、无形的压力让我忽略了对贺程浩的照顾，最终他永远地离开了我。

在这个理应庆贺金婚的日子里，却只剩下一个孤单的我在这个世上挣扎。尽管我每天回家推门仍会像往常一样呼唤他，但他常午睡的沙发，不仅传不来应声和问候，连站起来的身影也看不到了。

程浩，我为你，这个曾经陪伴了我半个世纪的爱人祈福，我不知道你现在在另一个世界，是不是也在为我们的金婚50年庆贺。

我希望你能永远安好，永远那么利落和帅气！

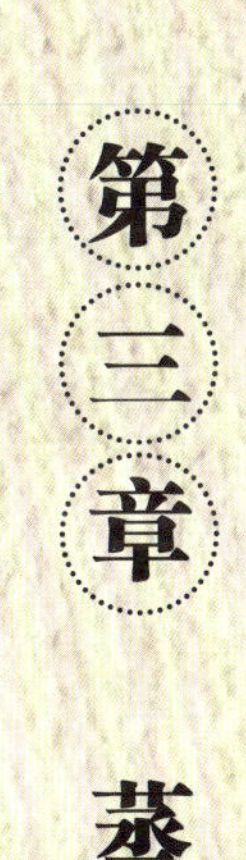

第三章 蒸蒸日上的事业

☆严于律己，就能开个好头☆

我从青海调回北京之后，被安排在农业局的农机供销公司财务科工作。农业局后来又拆分成农机局、农业局等，我又被分到农机局，仍做会计。当时，国家有政策，要实现农业机械化，农机局就是为了要完成这个大目标设立的，是个很重要的部门。在这里，我有机会认识了单昭祥，他当时是北京市农机局局长。单老对我后来的工作帮助很大。

在这期间，从上到下机构设置变化很大。大约在1975年年初，我被借调到第八机械工业部的外事司财务处做会计。八机部还是跟机械有关的，后来又改回为机械工业部。之后，在我被八机部借调期间，我认识了援外处处长邹富明和江泽民，当时江泽民同志任八机部外事局副局长。

江局长很和气，也爱护下级。记得当时得知邹富明同志画的猫被人诬告为画江青时，江局长与项南同志亲自为他平反。此事在部里影响很大，大家都为邹富明同志感到庆幸。而邹处呢，即使在后来伤了大脑，意识不清时，他仍将和江泽民的合照挂在他家厅堂中央，谁一去，他就会拽着人家的手到照片前指给人家看。

那时候，我国刚加入联合国不久，外交部部长乔冠华同志在联合国强有力的外交努力，使我国拥有了第一个多边项目，就是给非洲的马里共和国援建农具。在陈慕华领导下，专门成立了一个援助马里的农具车间领导小组，时任对外经济联络部部长的陈慕华为组长，江泽民为副组长，我们办公室主任老钱为组员之一。因为我在办公室任财务文秘一职，所以接触到很多外交、外事的领导，也认识了很多人，学习了很多待人接物的知识，这些经历在我后来的工作中，都对我帮助特别大。

我虽然已经参加工作这么多年了，可从小缺乏一些为人处世的经验，后来参加工作也只知道埋头苦干，很多事情不知道该怎么做，遇到紧急情况不知道该怎么处理。在这里通过几年的锻炼，使我在为人处世、待人接物方面都有了很大提高。我从一个普通的会计，变得更加自信，变得更加成熟稳重。

记得在八机部外事局工作时，有一次去洛阳拖拉机厂、西安仪表厂出差，其他同事因家里孩子小，不太想去，而我是借调人员，这种担子自然就落在我身上，虽然当时我的孩子也小，但我没敢提出来。我只能硬着头皮去，心想多干多学点也行。出差之前，江泽民开会听取出差汇报情况，并且安排一些任务。会议结束后，江局长把我留下来，问道：“小刘，怎么这两次的出差任务都是你呀？外边那么乱，到处在武斗，我们都不放心你一个女孩子，单枪匹马地还跑两个地方，能行吗？”

我说：“能行，这次分派的同事，他家里孩子生病了，离不开人，就让我替了。这次是到西安仪表厂和洛阳拖拉机厂安排预决算的事情，我能行。如果实在解决不了，我就拿回局里来。”

江局长说：“这样啊，你等我一下。”

江局长说着，从桌子上拿起便笺纸，给我写了两封信，递给我说：“你到了西安之后，火车站会有人接你，你把这封信给接你的人看。你记住了，到那边之后一定要住在招待所，不要住宾馆。谁说也不去，一定要听我的。一会儿我再给他们两家打电话，告诉他们。”

我点头说：“知道了。”

他又说：“到了洛阳更是如此，千万不要住宾馆。”

我按照江局长说的，到了西安之后，火车站果然有人拿着一个牌了，上边写着我的名字。我跟那位同志会合之后，就把江局长写给我的信交给他，并且要求住在招待所。

那人看到信之后，对我说：“按江局长的意思办，他来过电话了。”

我入住招待所之后，每天的一日三餐都会有人专门给我送过来，西安的面食果然是名不虚传，他们给我送的白面馒头是手工做的，非常好吃。每次他们都给我送两个白面馒头，我都吃不完，每顿都是吃一个留一个，留下的那个装在包里带着。

在我的印象里，西安的水特别好喝，尤其是开水放凉后的凉白开，非常甜。前几年，我到西安的三桥养老院参加他们的年庆，他们院长还问我要不要尝尝他们西安的特色，我当时跟他说，别的暂时先不说，我要先喝点你们西安的水。院长还纳闷，千里迢迢从北京到西安，怎么要先喝一下西安的水，有什么特别的含义吗？我就跟他讲了这段经历，两人都不胜唏嘘。

用现在的话来讲，当时的西安仪表厂和洛阳拖拉机厂都算央企，我的任务是审查西安仪表厂当年的外事决算，并好做次年预算。每天上下午都有人带我去财务部，工作完送我回招待所，整个过程都非常顺利。这一切都要感谢江局长，要不是他的那封信，想必不会这么顺利，因为当时“文化大革命”已经席卷全国。

我在西安办完事之后，从西安到洛阳，洛阳拖拉机厂安排车把我送到招待所。

当时，河南武斗得厉害，洛阳拖拉机厂的人去接我的时候，路过洛阳宾馆，接我的同志说：“本来已经在这里订好了房间，但接到江局长的电话，又退了。”

紧接着，我们的车从政府门口路过，看到政府门口架着机枪，好吓人。还有人在游行示威喊口号，我心想江局长的叮嘱是对的。

洛阳有个宾馆叫牡丹宾馆，他们本来是要安排我住在牡丹宾馆的，我遵照江局长的吩咐没去。在洛阳拖拉机厂的审查工作不太顺畅，这里如同战场，不像西安仪表厂招待所那么正常。没人给饭吃不说，水也喝不上。多亏我包里有两个从西安仪表厂带过来的干馒头，但招待所找不到一滴水。第三天招待所连个人影都看不到了。

工作干不成，回北京又买不到票。最后洛阳拖拉机厂的人把我送上了闷罐火车，车里边没有座位，也没有窗户，车厢是昏暗的，里边的人都是席地而坐。一路上走走停停，停停走走，车厢里只有几盏微微亮的照明灯，根本不知道外边过了几天几夜，终于到了北京。后来我才知道，这一路竟然走了七天七夜。

我回到北京之后，见到江局长感觉好亲切，眼泪不知不觉地掉了下来。我给他讲了这一次出差的遭遇，江局长笑了笑，说："你能按照上级的交代去做事就是可靠的同志，没完成任务不是你的责任，抓革命促生产，造成局势很乱，这次害怕了吧？"

江局长对陪我过去汇报的邹富鸣同志说："她稳重可靠，好好培养她！"

现在想想，我这一生都是很幸运的，虽然从小没能拥有父爱和母爱，但是从参加工作起，在每一个地方、每个单位，领导都会关心我的成长。我不仅是抱着感恩之心去对待我生命里的所有人，而且认真努力工作，遵守纪律，服从领导。

爱，是会传递的。你带着敬爱之心对待别人，别人就会爱护你。

现在年纪大了，有时想想我这一生，尽管没有伟大的创举，但老老实实做人，是人生的本分。严于律己，让每件事都有个好的开头。有人告诉我这叫“福慧”，其实就是自己严谨待人处世修来的。

☆ 人生能有几次搏，我却感受到“搏”的价值和意义 ☆

虽然我在市农机局援外办和被八机部外事局借调期间吃了不少苦，却得到很好的锻炼。

这一段时间的工作让我精神和能力得以提升。局长江泽民和蔼可亲、谦虚谨慎的待人方式，给我的为人处世指明了方向，也为我后来的工作打下了基础。

1983 年，北京市重点工程指挥部成立了。这个指挥部集中了许多专业人才，要求在 9 个月内将德胜门往西三旗的 107 公路拓宽。

我有幸作为其中一员，参加到指挥部的工作中去。这项工程由市委领导牵头，我是办公室主任，主管文秘记录。

接到任务后，指挥部设立在祁家豁子一个大野地里，人们在这里支上木板床，采购办公用品，组织和调动全市最优秀的道桥和排水专业工程师。总指挥部第一次会议内容就是要求在一周时间内，把40多位技术尖子凑到指挥部开始工作，这条道路的设计不能出现任何闪失。

然而奇迹出现了，一周内，就汇聚了来自四面八方的设计师、道桥和给排水专业工程师，办公室、会议室和人员吃住等各项设施全部建成。总指挥在全体动员大会上提出“人生能有几次搏”的口号，要求全体参与人员向中国女排学习。果然这句话鼓舞了总指挥部的全体人员，当天参会的还有北京市供电局、自来水公司等十四位领导以及来自各分指挥部的几位指挥。在这次动员大会上，北京市政府向全体与会同志提出了“昌平公路的建设，从设计到施工质量，15年不遗憾”的要求。

同志们夜以继日地工作，设计、拆迁、技术攻坚，不知不觉就到了夏天。祁家豁子的蚊子好厉害，大家夜间挑灯作业，身上被咬得都是包。挠痒痒非常影响工作的心情。后勤部帮大家买了清凉油，挠破了就用花露水。条件十分艰苦，但是我们没有一个人叫苦叫累。大家在为赶上人生这次搏的“女排精神”而奋发图强。

这也是我人生经历中最艰苦的岁月，也是我长知识最多的阶段。有两件事时常萦绕在我的脑海里。第一件是昌平公路拆迁。按照设计，马甸的一片回民墓地需要拆迁，回民兄弟向指挥部提出要求“必须按照民族习俗挪坟”“拆迁时，必须有年轻合适的人看着，用白布包裹故人”。

这对于指挥部来说是艰难的。

不过，指挥部领导立即开会，确定平谷公路管理所主任从士杰次日早上八点到指挥部报到。第二天从士杰同志准时报到，顺利解决了马甸回民墓地拆迁工作，打开了昌平公路拆迁的新局面。从士杰同志在沿途拆迁中屡次立功，后来被任命为北京市公路局局长。

第二件事是，市政府领导与指挥部工作人员同甘共苦，体察民意，送温暖到每个员工的心坎里。

记得道路周围开挖时，边沟红线刚刚确定，动作比较快的延庆指挥部刚挖约 1 米深，遇上罕见的瓢泼大雨，把边沟都填满了。祁家豁子的指挥部周围都是暴雨区，指挥部院内的积水淹没膝盖，办公木板房内也进了水。

市领导关心这些日夜拼搏的同志们，一大早就赶到德胜门外的工地上，问长问短。16 位局级领导组织，准时召开以“与天斗其乐无穷”为主题的办公会，会上明确提出：立即排水救助，尽最大力量减小损失。

我在办公室做文秘，工作十分繁忙。来往人员登记、各种会议记录、接待各位领导等都是我的工作。每次参加技术会，我都会很认真地做记录，做会议纪要、简报等，不仅如此，我还从这些领导那里学到了工作的方式、方法，也在理解政策的水平上有了极大的提高。

同时，我还需要学习修路的专业知识，以保证我的工作能顺利进行。北京是一座拥有八百多年历史文化的古城，要想让周边的道路现代化，技术人员很辛苦。为落实市领导提出“昌平公路的建设，从设计到施工质量的目标，15年不遗憾”的要求，技术部陈悦海、关韧萍、李舜范等几位工程师都夜以继日地测数据、抓进度、进行质量评估，不管刮风下雨，都参与其中。他们一丝不苟忘我工作的场景，至今仍然浮现在我的脑海里。

昌平公路是北京市政府为了打开北京北大门精修的一条公路，也是现代化首都需要的公路。我们攻克了很多难关，最终取得了成功，这条公路是我参与修建的第一条公路，全长10.7千米。

1983年9月27日，昌平公路剪彩，张百发市长作了精彩的《向国庆节献礼》的讲话。段石毅、焦若愚两位老领导到会，各区县县长、县委书记也都前来祝贺。从此，从德胜门到十三陵的道路畅通无阻。

道路畅通给农民生活带来了改变，尤其是昌平、延庆一代的老百姓，传出“要想富，先修路”的顺口溜，继而房山、怀柔山里的老百姓在向市各级领导申请修路的时候，都引用这句话。后来我们坐下来开会研究修路时，领导也是这样说：“要想富，先修路。”

确实是这样，八达岭过境公路修路那一年，我随勘察人员查看路况时，那里杏、桃子、山楂、柿子、核桃等全是五角一筐。下午两三角便可买一筐。等路修成之后，则5元、10元地直线上涨。再往山里走，房山的一渡至十渡，老百姓的穿着开始时髦起来，有的女孩子还穿上时髦的半高跟或高跟皮鞋、长筒袜和连衣裙，这样的装扮展现了人们美好、富足的生活。

京密路，是昌平路一期工程建成以后的八达岭过境公路，它为北京打开两扇大门。总指挥部还探索出修建高等级公路的组织指挥经验，解决了百发市长所说的以往“填填挖挖、挖挖填填”的拉锁工程问题，还培养出高等级公路的建设人才。市委市政府表彰“公路健儿”，特批准几名实践者荣获北京市一等功荣誉。

我就是在这次工程中获得的北京市一等功勋章，这是我人生的又一个里程碑，是对爱人老贺的一个交代，也是给俩女儿争当三好学生做榜样。贺程浩叫孩子们向妈妈学习当先进，小女儿后来因学习优秀被小学保送到北京八中，贺程浩则被评为研究员，大女儿进了北京市第 35 中学读书。

记得 1984 年 9 月 28 日，昌平公路的总结表彰大会最后一个环节是市领导讲话，领导除了展望了我们北京公路发展的前景以外，还提到了北京市老百姓对修路致富的认可，并展示了北京公路建设网的规划和实现北京公路网的重大意义。

领导说，打通京城西南大门，建设京石高速公路势在必行；打通京城东南大门，建设京津塘高速公路是我们“七五”“八五”两个五年计划期间的重点工程项目。京津塘高速公路将是我国第一次使用世界银行贷款、第一条跨省市、第一次采用先进的“菲迪克（FIDIC）条款”修建的高速公路。而且这三个第一将有机地把首都和天津连接起来通向塘沽新港，车程将由 4 个多小时缩短为 1 个半小时，将为首都北京往返港口开辟一条方便快捷的黄金通道。

昌平公路广大指战员听得摩拳擦掌，热情高涨。李锡铭书记也表扬了大家。

接着是昌平公路总指挥讲话：“大家自来昌平公路那天起，已经半年多了，还一天都没有休息过，从后天起留下值班的同志，其余同志全部放假 5 天，6 号开始大家继续奔赴京石高速公路指挥部和京津塘高速公路，继续战斗。”

领导告诉我们，京石高速公路指挥部在丰台西道口北京铁路局一个旧场地，条件比祁家豁子起步时的玉米地强多了，有房子还有个多年不用的大食堂。当时我心想，如果我和姜局长都分到这里，就不用架砖研究煮面条了。而京津塘高速公路指挥部在朝阳区十八里店，由于和世界银行打交道，需要一些英语好的工作人员，所以昌平公路财务小朴被分到京津塘高速公路，我和陈悦海、李舜范跟着姜局长到了京石高速公路。

☆修建京石高速公路势在必行☆

我参与修建的北京京石高速公路北京段自广外六里桥到河北琉璃河，全长43千米。这段路原为京同路、京保路的一部分，是北京通往南方各省的咽喉要道。800年前在永定河上修建的卢沟桥，风光独秀，光彩照人，如今已经是被保护的古迹。

想当年，日寇侵华战争开始，这一带惨遭日军破坏，新中国成立后，这里还修了一条新路桥，有八九米宽，但无法承受200吨的压力，况且路面已经损坏，成了低标准的二级公路。随着国民经济的发展，这条公路根本满足不了人们的需求，高峰时段，汽车、马车、摩托车、自行车和行人混在一起，排成一条三四千米的长队，一堵就是几个小时，十几千米的路程，要走两个多小时，而且事故不断。

张百发常务副市长来指挥部给我们讲了一个小故事，他是这样开头的：“我给你们讲个笑话，有一天市长去房山，刚出六里桥就堵车了，过了好久不见动静，他就给我打电话，让我去救他。我能有什么办法，只好开玩笑说，你等着，我调一架直升机去救你。这当然是玩笑话，我的意思是，京石路堵得太厉害，要么派直升机，要么咱们就修一条好路出来。”张百发市长说：“一定要打通这个大门，缓解城乡结合部的交通压力，开发西部的旅游资源和矿产资源。”

（一）京石公路如何修，加宽老路还是另辟新路

广大技术干部把昌平公路的作风带到京石路，会议桌一摆就开始办公，姜总指挥带领大家讨论，议题就是：京石路这活怎么干，是加宽老路还是另辟新路。

技术人员现场勘查后，意见不一致，我记得一种观点认为，利用老路拓宽成一级公路，可以减少投资，少占用农田；另一种观点认为，老路加宽只能缓解一时，等于打了个强心针，不能解决根本问题，平交道口、快慢交叉、行车速度低等缺陷依然存在。如果撇开老路另辟一条新路，即使投资多些，从长远考虑还是划算的。只有全立交、全封闭，才能取消平交道口，取消红绿灯，实现高速度。老路可以改为辅路，作为地方专用车道，给慢车、非机动车和行人使用。

对此，双发各执一词，争论不下。参加讨论的很多人都不懂

技术，插不上话。而双方工程师的话让旁听者觉得都很有道理，不知道该如何取舍。

最后，两位总指挥商量了一下，决定把两种方案以及由设计、施工等部门讨论出的结果，一起汇报给市政府，请求政府批准。

市政府批示：另辟新路，建设一条全封闭、全立交的高等级公路。

姜善智总指挥说："现在国家没有具体方针政策，交通部也没有规划，要不要修高速公路一直都是争执不休的问题，在全国也尚无先例的情况下，政府竟然同意我们修一条全封闭、全立交的高速公路，不得不说咱们政府在修路理念上敢于大胆突破。"

姜总指挥也非常明白，京津塘修路可以从世界银行贷款，而我们京石路的修建，别说是另辟新路，哪怕是加宽旧路，政府批钱都很紧张。施工单位已经按照要求纷纷前来，没有钱，这一仗该怎么打？千头万绪！

（二）继续实施中国特色的工程指挥部来啃骨头，组织打硬仗

总指挥姜善智说："昌平路的经验告诉我们，在当时的情况下，需要大兵团作战的工程，设立工程指挥部来实施工程的施工组织管理，是个行之有效的方法。"

京石路较昌平公路技术标准要求更高，规模更大，线路更长，

要求工期更紧，京广线横穿将会增加施工难度，对于技术的要求更加复杂。

市政府为了更好地组织好该工程，决定仍然成立工程指挥部，从市政府有关的委、办、局、院、区等机构调派人员组成代表组，成立了有16个局参加的领导班子，如劳动局、供电局、电信局、公安交通管理局、公共交通运输局、交通部公路局等。还有各区县、各项目部有关的代表，如北京市公路工程公司，交通部公路一局公司，公路处下属平谷、延庆、怀柔、门头沟等公路所，铁道部三局等。

市政府给我们指挥部下达的主要任务是负责工程的组织、调度、协调、监督和服务工作。京石路工程指挥部首先根据京石路任务的特点，实施招标、议标，以优胜劣汰的方式选择施工单位。另外，市政府对过去“肥水不流外人田”的保护主义做法给予批评，要求把优秀的施工队伍加入进去，加强施工力量，保证工程质量。

京石路指挥部的组织机构、工作原则、技术标准等领导都会要求打印成册，文秘工作不能出差错，这对于个人能力是一种考验。因为大兵团作战，人员素质不尽相同，不太好协调。比如我的工作，对上得为市长们处理日常事务，相当于文秘工作；对下要接待从一线过来的施工人员。接待的层级不一样，待人对事的角度就不一样，反映出来的要求也不一样。

这对我来说是一种考验，也是一种提升。我当时是指挥部办公室主任，必须把枢纽工作做好，工程技术部的总工程师关韧萍，副指挥从士杰、陈悦海等人交代工作都比较仔细，尤其是上海人陈悦海，每次都会反复确认，最后还会说一句：“别担心，有问题我会出面解释。”

其实，他们的工作也都挺累的，不会诚心出错。

姜善智比较温和，对我们总是讲道理，不发脾气。一旦发现有问题出现，他也会一遍又一遍地唠叨。姜总指挥比较擅长做群众工作，有时候我们实在是比较疲累的时候，他总能调动大家的积极性，让我们充满干劲。他的办法多种多样，比如唱一段沂蒙山小调《小布头》，或者讲一些逗乐的段子，有时候会是激励性的语言。我还记得他召开的一次阶段工程进度会议，预计会议时间 40 分钟左右，结果他讲了足足一个半小时，讲着讲着一着急就激动了，连水杯都抛了出去，台下坐的都是一线来的施工人员，他把现场气氛调动得很好，拉近了台上台下的距离，最后让大家充满了干劲，重新投入到工程实施当中。

过去这么多年了，我还能想起来姜善智的做法，他绝对是一位让人尊敬的领导。那时候，所有领导都是朴实无华，注重成效的。具有中国特色的公路工程指挥部就是由这样一群人组成的，在市政府的领导下，为老百姓的民生大计流血流汗，前赴后继，但是所有人都毫无怨言，从没有伸手拿过老百姓的一草一木、一针一线。

从六里桥到河北界的琉璃河地区，全长 43 千米，跨越丰台、房山两个区，特别是六里桥到高碑店。按照工程进度，分为一期、二期工程，第一期工程全长14.4千米，按照方案需要穿过一些村镇，那里人多、房多、菜地多、管道管线多，与工程技术部门协作的达60多个单位，被拆迁单位只要有一家拖拉，就会影响整个工程的进度，所以拆迁任务不但重，而且特别重要。但是拆迁又直接关系到人民群众的利益，我们必须慎之又慎。最后，我们根据当地的具体情况，拟定了一个具体实施方案递交给市政府。很快市政府报告批复，支持我们的处理意见。

由市长主持的市长办公会议，各有关区、县，各委、办、局、总公司的领导出席，进行拆迁动员。对有关拆迁占地、转工和经济补偿等问题做了明确规定。张百发市长在会议上提出“谁的孩子谁抱走”这样的观点，领导们接着又布置了第一期、第二期工程的拆迁工作，包括丰台区政府在内，各个部门都很支持。

会议结束之后，京石路工程总指挥在工程指挥部按照市政府的安排召开动员会。动员会上，姜善智代表指挥部向全体建设者和协作者提出发扬社会主义大协作精神的要求，发扬“一盘棋”“一条心”“一股劲”三个一精神，要求全体人员以大局为重，小局服从大局，团结协作。落实市委的思想，一定要保证老百姓的利益，不能让他们受到损失。

其实，任务最重的是丰台区政府，因为他们是具体执行对工程区居民进行拆迁安置的。我记得当时每亩地的拆迁费用包含三个方面：一是土地补偿费 15 万元；二是补两个劳动力的安置费；三是等待安置期间给予一定的生活补贴。当时有数千农民转为城市居民。房屋拆迁也按照新旧程度、面积大小进行补偿。暂无房屋的居民投靠亲戚或者居住在由工程部建造的临时用房里。

第二天，80 多人骑着自行车来到指挥部，崭新的自行车在院子里停了一大片。我出门一看都惊呆了。带头的几位女同志说他们都是拆迁户，我把他们都安置好，端茶倒水，问他们的来意。带头的女同志说他们就是来问到底要怎么拆，要听一个准信儿。我叫来拆迁部经理老肖，老肖把市领导的思想传达给他们，最后他们才笑呵呵地走了。

从此以后，一直到整个工程结束，再没有一个人因拆迁事宜找过指挥部，也没有留下任何后遗症。

（三）控制性工程引来三位部长

在京石高速公路修建的过程中，有三个控制性工程，引来三位部长。

第一个是永定河大桥。每年夏天都是北京河流的汛期，那一年汛期的时候，正在修建永定河大桥，时任水利部副部长的钱正英部长跟我们一样，非常揪心。

永定河大桥是一座跨越三河的新桥，即永定河、小清河、哑巴河，全长1120米。它设计新颖，造型独特，是一座可以通过500吨重型车辆的高速公路桥，是京石公路一二期工程中的控制性工程之一。要建此桥，又正值汛期，这里的地面比天安门高，对此我们以市政府的名义向水利部求助，受到钱正英副部长的重视。她接到文件之后立即来到指挥部找工程技术部和设计人员研究建桥的各种可能性。最终，在钱部长的帮助下，顺利完成了永定河大桥的修建。

第二个控制性工程是京广线下两个铁路顶洞。时任铁道部部长的丁关根来回察看三次，顶洞那天本来应该下午两点开始，而丁部长一点就来到现场。在西道口京广线旁看着铁道上每5分钟一趟飞速而过的列车，和铁道下与酷暑争分夺秒的人们，丁部长一直等顶洞顺利结束，这才放心而归。

第三个是交通部部长钱永昌。京石高速一直备受上级领导的关注。钱部长通过深入调查研究，虚心向公路局和指挥部的工程技术人员学习。他因为自己是“船长”出身，更加注重对于公路的了解和学习。他走遍了祖国的每一条公路，甚至走遍了丝绸之路上戈壁滩的公路。京石公路在建成剪彩时，他提笔写下“中国第一条高速公路”！

（四）京石公路的建设牵动了那些关注打开西南大门的人们

京石公路修建过程中，全国政协副主席吕正操同志往办公室打过两次电话，一次是询问“卢沟大桥”的工程进度，第二次让我去接他，他想到新公路上走走。

那天天气较好，下午2:00，我到了吕老家里，和秘书一起扶他上车。我和吕老同座后排，老人兴致勃勃地讲起了公路，他说：“公路太重要了，30年代我在德国，坐着德国人的车奔跑在德国的公路上，那时候我还年轻，但是我总想着什么时候我能坐在自己祖国生产的车里，奔驰在中国的公路上。那是祖国富强昌盛的表现啊！你能理解我对你们这些建设者的感激之情吗？”

老人家的爱国情怀使我至今难忘。吕老是105岁离开我们的，但他的爱国精神永远在我心间。

（五）昌平公路、京石公路指挥部的经历给了我学习做人做事的机会，受益终身

北京市第一个重点工程指挥部和之后的市政府重点工程指挥部的工作经历给了我学习做人做事的机会，为我以后的房地产开发公司和养老院的工作打了坚实的基础。各位领导都给了我人生

的指导，使我终生受益。

在后来创立金梦圆房地产有限公司和开办金梦圆老年乐园的历程中，又有单昭祥、纪树翰、刘小石等16位同志与我相依相伴，指导鼓励我，自张文范、李大姐和赵宝华加入金梦圆老年乐园的建设和管理后，金梦圆老年乐园的春天到来了。

我在中国社工协会任中国老年福利服务工作委员会执行主任时，徐瑞新部长几乎手把手教我养老政策，张明亮同志平易近人。我在那里工作的几年时间里，很快熟悉并掌握了全国养老机构的状况。我的直接领导赵鹏奇总是叫我刘总，或称呼我大姐，他平时不修边幅，但那种以社工协会为家、以协会工作为己任的工作态度，永远值得我学习。还有许许多多我的朋友、同事、战友等，都对我和金梦圆老年乐园的成长和发展给予了很大的支持和帮助。

2009年，在各地养老院院长们的推选下，我当选了中国养老院院长协会的副会长兼秘书长，有机会在李惠仁会长的领导下工作，还有幸聆听崔乃夫部长、高占祥、阎明复等领导的教诲。

和他们在一起，我觉得我的工作有天，和老院长们在一起，我觉得我的工作有地；和漂洋过海来的院长学者们在一起，我觉得我有朋友；和人口学专家邬苍萍、老年学教授杜鹏在一起，我觉得我有底气。这些领导、专家、院长们像阳光雨露，滋润着我的事业的发展。

☆革命熔炉火最红☆

京石公路的一二期工程刚完工，我又从公路局调到城建集团工作。

1986年，第十届亚运会在韩国汉城举行，同时也宣布了第十一届亚运会将在中国北京举行。我就是在1986年调入城建集团，后又调到亚运会工程指挥部的。

这次亚运会是中国举办的第一次综合性国际体育大赛，国家非常重视。为了准备亚运会，从1986年就开始修建比赛场馆。比赛场馆其实是在北京工人体育场的基础上进行大规模改建的，前后历时3年多。

当时负责北京体育场改建的有多家建筑公司，城建集团在国内诸多的建筑公司当中算是新兵，但从硬件设施到工程设计人才都是数一数二的。

从1986年到1990年，在北京工人体育馆新建及改建的三年多时间里，中国人民解放军总后勤部、湖北十堰、江苏南通施工队伍工程进度、施工质量都很好，多次受到领导的表扬。正因如此，北京工人体育馆最后才成为具有国际水准的体育比赛场地。

总之，从北京市第一个重点工程指挥部到城建总公司工作，使我又有了与部队和军人接触的机会。

我刚到指挥部的时候，接触的第一个军人是刘永州，他是河北雄县人，人很聪明热情。当时他们的办公室坐着几位干事，人都很帅气，办事干练。在我办手续的过程中，看到来来往往的人，大多数都是男同志，女同志寥寥无几。我开始被分在计划处，首长李世祥发话，让把开发冻结的芍药居几万平方米的小区、展览路三栋住宅以及制药一厂的两栋板楼恢复施工。我一听任务好大，吓了一跳，而眼前这位首长的做派，跟之前我接触的市委领导的风格都不一样，跟姜善智总指挥的风格也不一样。他看我态度犹豫，毫不客气地说："你来我们这儿上班，还得给我们这儿找活儿，北京市建委、计委我们不认识人，市里把工程都给了市政，我们这四万人都张着嘴等着吃饭呢。"

当时《北京晚报》的记者毛序国在楼道里喊我的名字，我也奇怪毛序国怎么来了。此时，他冲了过来，没有理我，而是冲到李世祥那里，问道："刘蕴华你是怎么安排的？人家也是领导干部，怎么放到那头背阴的办公室？"

第二天上午，组织部崔玉珍和华家新让我上四楼开发公司上班。当时办公室主任听说第三天有女同志提意见，说：“我们女同志入职五年都提不了干，为什么刘蕴华一来就当官？”

其实，这也就是个“芝麻官”。我在这个芝麻官的位置上一干就是九年。此时让我思绪不能平静的是我那几位可爱的“兵”，小徐、小曾、小董、刘芳田等12个兵，他们哪儿的人都有，集体转业之后，没有那么多职务，这些汉族、朝鲜族、苗族、壮族等不同民族的人在一口大锅里吃饭，笑称“民族大团结”。也怪，大家吃、住、干活都在一起，一点分歧都没有。

后来组织上让我和老涂搭班子，闹了一次笑话。

我当办公室主任不久，我们城建开发公司搬到二环路边上的后营房甲九号，当时开不了食堂，让自己解决吃饭问题。我们怕耽误工作，就买了电饭锅和炒菜锅自己做饭吃。

有一天，同志们出去工作前告诉我和老涂把饭蒸好，他们回来买菜炒菜。到了10点多，老涂说：“我去淘米，别做晚了，他们回来吃不上饭。”

谁知道当时电饭锅还是先进厨具，很少有人用，老涂洗完米倒进电饭锅就离开了，没开电。

中午大家回来炒菜时，掀开电饭锅一看，水是水，米是米，这都12点了，饭还怎么吃？我发现他们在悄悄地说些什么。我就问他们怎么了，他们就说了这事儿。

我听后叫老涂出来看。老涂之前是团长，能打仗，就是不会这些生活上的事，电饭锅都没有插电，当时他还笑骂道：“他妈的，老子能打仗，能修路，怎么就不会烧饭？”

当然了，这都是小事，很快就有人重新做好了饭，炒好了菜。

之后，这件事成了大家的饭后笑谈。

（一）苦孩子成了名人

我的兵小曾，出身于湖南的山沟里。小时候就想离开山沟过上好日子。上学的时候特别努力练字，希望有一天能够从村里到县城里有份工作。

小曾 18 岁参军，成为一名光荣的解放军战士。入伍后，他也从没有放弃练字。他在我手下工作的时候，总是笑嘻嘻的。

当时城建公司的文书还处于“红横杠”的格式，文字如果写不好就没法交代。

小曾在这方面悟性强，发展快。他每周要有一个下午骑着自行车去向李拓先生学习书法。我让他安排好工作，好好去学。

他很有毅力，不管是烈日炎炎的夏天，还是数九寒天的冬天，他都一直坚持，最终百炼成钢，写了一手出色的书法，成为李拓先生的关门弟子。

小曾就是现在著名的书法家曾正国。

（二）不学习我就扣奖金

我手底下有几位女兵和男兵，可不像小曾那样能吃苦耐劳，那时候我很着急，社会在进步，他们不学习迟早是要被淘汰的。我一直在考虑这些。

后来在刘念文、薛书记的支持下，让他们在已有的知识基础上去补课。起初，他们一听让去学习就烦透了，甚至都不想见我，躲着我。为了督促他们学习，我就定下制度，不补课就不记考勤，没有考勤就不发工资。

他们只好硬着头皮去补课、拿学历、考职称，这才有了变化，有机会当了项目经理和技术骨干。

到目前为止，他们有的当了工程师，有的当了会计、经济师等，甚至还有几个当了经理，在他们的工作岗位上做得很出色，这一点让我很是欣慰。

回忆起当年逼他们补的课和眼前的岗位、职称相匹配，我是感到无比的自豪。这是一群我的战士，我的兵，也是我的同事，他们成长得那么好，我替他们高兴。

记得 2016 年，我把他们都叫到金梦圆来，大家一个个坐在我身边，望着一张张熟悉的脸，想起他们年轻的时候，当时的档案员陈其芳说："你们快看，主任准是又想起了我们淘气时候的样子了！"

大家一阵欢笑。

陈其芳还跑到我身边，搂着我的脖子亲了一下。

（三）我们开发公司很纠结

城建总公司发展的头几年，我们手上抓着如芍药居小区、展览路小区、制药一厂板楼三个项目，不过这三个项目刚开工就被市建委因故停工。

李世祥总经理让我办理复工，我找了首都规划建设委员会副主任宣祥鎏，宣主任又会同各有关方面开会、协商，最后特批三个项目复工。这下终于让我们城建总公司有活干了。由于我们的项目地理位置好，这三个项目一年内全部售出。

有一天，财务部经理记账的时候突然说："哈哈，胜利了，胜利了。"出纳李雅萍跑到我的办公室说："主任，我们有钱了。"大家都兴高采烈。

当时的情景历历在目。

城建工程兵这支队伍，它在战争年代英勇奋战，在和平年代的建设中，善于学习，善于提升自己。20 多年来，它已经成为祖国建设中不可或缺的力量。

总经理肖玉良目光远大，善于引进和培养人才，他在职期间从清华、南开、同济等著名高校网罗人才。当年的那些毛头小子，如今也都在各行各业成为精英人才。

我记得跟我一个办公室的小毛，天津大学毕业，戴个眼镜斯斯文文的，如今是上市公司的副总；当年从北京工业大学排水专业毕业的小伙子，如今已经担任城建开发公司主管销售的经理。

还有好多好多。

看到这些曾经与我在一起“战斗”过的伙伴们成长成才，我很欣慰。我也为和这支英勇奋斗的军人队伍一起奋战，感到无比自豪。

☆竞　赛☆

（一）女儿的呼喊

我在昌平公路、京石公路总指挥部以及亚运会工程指挥部期间，工作性质特别，因为赶进度、减工期，有时还身兼数职，作息时间极不稳定，有时候回不了家。

那时候我的小女儿才 7 岁，还在上小学，有时候我从工地上回办公室时都已经很晚了，看到小女儿在那里等我，两只鞋子都是湿的，问她也不说，同事说有可能是放学路上踩水玩儿弄湿的。

那天我带着她回三里河的家，公交车上她就睡着了。当时我摸着小女儿的头，又想想刚刚考入大学却好久没有看到的大女儿，真的感觉好无措。

特别是有一次，小女儿得了肺炎，又恰好赶上指挥部的重要会议，根本没办法抽身去医院照看她。幸好拆迁组的同事替我去友谊医院照顾我女儿。会后我着急忙慌地赶到医院，听着小女儿脆弱地叫我妈妈，我的心都碎了。

回想起她姐俩出生后，我都是休满产假就去工作，忽略了对她们的照顾，我很内疚。

等京石公路一期、二期工程都完工的时候，我向组织提出为了自己的家而换工作的想法。

（二）比比看

我的工作调到城建总公司之后，早八晚五的工作时间让我有暇照顾女儿。

这些年来，大女儿先是以优秀的成绩考上了人民大学分校学习外贸英语专业，又考上北京工业大学续读本科，毕业之后，组建国贸大厦的领导楼淼德、北京环境卫生局都希望她能去工作，后来她选择了与自己专业最接近的服装进出口贸易。这几年又不断学习进步，考进了外交部，负责签证办理工作。

为了激励小女儿好好学习，我们组织了“全家比比看，看谁最棒”活动，然后把她从北京小学转到离家最近的中古友谊小学。小女儿学习很用功，做作业从不让人催，学习成绩很优秀，小学毕业时被八中破格录取。

记得那天中午，我想回家看看她，她12点放学进门看到我，二话不说拉着我就往他们学校跑，一直跑到他们学校门口，她停下脚步，指着校门口贴着的大红喜报说：“妈妈，你看！”喜报上写着5个保送生的名字，第一名就是她。

我比她还要兴奋，拉着她的手说：“竹竹，这是个天大的好消息，妈妈谢谢你！”她抿着小嘴冲我笑了。

保送八中为她以后的学业打下了良好的基础。2003年，她通过了司法考试，后来当了律师。

（三）家里“骚”气不断

可能是出于遗传吧，两个女儿的爸爸是搞畜牧业研究的，她们也非常喜欢小动物，家里养了小猫、小狗、小鸟、小兔子。

记得一天下班回家，我实在是太累了，就让她们俩去三里河买面条。左等右等，等了两个多小时，她俩才回来。结果面条没买，买面条的三元却买了一只小兔子回来，气得我哭笑不得。

可看着小兔子这条可怜的小生命，还有她们两人靠墙站着害怕我打她们的可怜样，我还是叹了口气，问她们：“那咱们今晚吃什么呀？”

那时候工薪阶层是吃不起馆子的，而且时间已经很晚了。姐姐说：“咱们吃两块饼干算了。”最后我给她们做了鸡蛋饼。

要知道兔子是不怎么讲卫生的，非常骚气。随着兔子越长越大，我们家那个53平方米的小房子里，骚味越来越重。但是，俩女儿依旧细心地观察、喂养，不仅获得了乐趣，还增长了知识。

☆能者多劳☆

京门旅游城小区规划设计成功之后，引起北京市职工住房总公司的重视，很快凯通公司组织施工。此时，我们又为该公司在玉渊潭选址，与永安机械厂合作规划建设“西八里庄职工住房”。

永安机械厂龚厂长是位非常能干的厂长，和我们合作之前，他们企业是乡办企业，但已经生产黑白电视机五六年了，他们厂的其他产品远销国外，我们都非常认可这家公司。双方的合作也非常愉快，待分成合同敲定之后，我们又进一步调整施工方案，希望建筑面积突破 3 万平方米。

这时候，北京市规划研究院柯院长提出：“这里紧靠西郊机场，高度不能突破。另外这里又紧邻城区，请市计委、市规划局的‘一条龙’项目组把西八里庄的配套设施考虑进去。这样这里的居民生活会大大改善，社会民生也会提高得快一些。”

当时我还是挺高兴的，因为我们与龚厂长的合作给老百姓带来了好处。

房地产开发是个复杂的过程，我带着一些梳理不清的问题，去请教单老。

单老一拍桌子说："小刘，这事儿我看挺好，过两天我把老宣和刘长乐这帮老同志给你叫来，咱们一起好好研究研究具体方案。我去找总工会，成立北京市职工住房开发公司'第七开发部'。"

没过几天，我被任命为北京市职工住房开发公司总工程师兼第七开发部经理。

两天后，单老主持了一次专门的会议，确定了单昭祥、宣祥鎏、程毅、纪树翰、刘小石、崔凤霞、柯焕章、张光辉、刘长乐、潘峰为第七开发部顾问。也是在这次会议上，我们特别邀请了北京市计划委员会"一条龙"项目组的组长刘建国参会，会后的会议纪要报请市计委投资处处长白云生、张孟江审阅。

单老说："作为一个新成立的公司，你一心为北京市发展考虑，这几乎是从来都没有见过的，我们都相信你能成功。你马上开始找办公地点，开始组建自己的班子，给市职工住房公司写报告。"

当时，在中级人民法院当院长的纪树翰嘲笑我说："就你，还搞房地产，细得一把让人推倒了。"

我气愤地瞪着他，他马上改口说："好好，听单老的，我给你保驾护航。"

为了自强，我还把我们的大照片挂在办公室里，用老纪的话鞭策自己。

会后，我按照顾问组的意见着手选址，落实办公地点，组建工作班子，建章建制，选项目找饭碗。

其实，我的运气还不错。

在我找办公地点的时候，西城区派出所所长曹宜臣刚好给我打电话，说他调到北京动物园派出所当政委了。我们聊着聊着，就聊到了我的工作上，我说正在找办公地点，还拜托他帮我留心一下，有没有合适的地方。

之后，张百发市长让我去亚运会工程总指挥部旧址，我想了想，那里正对新华门，经常堵车，非常不方便，还是算了。意想不到的是，老曹说在动物园派出所给我腾出来三间房，外加一个夹道用来做饭，每个月只交2000元使用费。这下子就解决了办公室选址问题。

关于组建团队班子，我之前在昌平公路指挥部和京石公路指挥部工作时都有过这样的经历，不过那都是政府的资源和权威，跟现如今的民营企业完全不是一码事儿。

这时，凯通公司的副总刘志来了，他愿意跟我一起干。之前跟刘志共事过两个月，此人能力很强，气质很好，很适合当副总，主管前期开源工作。

刘志来了之后，我决定从城建总公司找几个专业的兵干部，来解决了会计、出纳、工程师、经济师等岗位的人选问题，一个高质量的、特别能战斗的工作班子形成了。

那天我给城建总公司财务蔡继宝打电话，第二天他带着另一位财会人员张守忠和一位工程师就来到我的办公室，可把我乐坏了，现在就差一个办公室主任的角色了。

一个偶然的机会，我在玉渊潭公园散步，看别人在跳交谊舞。后来有个人邀请我一起跳交谊舞，一来二去，我们俩就熟了起来，通过闲聊，我知道他姓王，是海军医院高干病房的退休干部，曾经担任财务科科长。

后来，我慢慢了解了他的人品，考察了他的文字功底，觉得他非常不错，就拉他加入我的团队。那天下午他在我的办公室填表，我在旁边看他填表，那硬笔书法超级漂亮，之后我才了解到，他是海军军校毕业，在加入特种部队的过程中因某个项目不合格才被调到海军总院，军龄长达 30 多年。他很满意办公室主任这个角色。

就这样，我们的第七开发部工作班子正式形成，公司建制为经理两名、工程师三名、办公室主任一名、司机一名，共七人。然后，北京市职工住房公司批准了我们公司的建制，并且给我们刻好了“北京市职工住房第七开发部”的四个公章。组织上的关怀和信任，至今我都感到无比温暖，更加坚定了我为党、为国忠诚不渝的信念。

王主任果然不负众望，不到 20 天就制订出一套完整的公司制度，包括上下班时间、职工纪律、保密制度等。这份公司制度对我们公司的前期管理起到了重要作用。

这些都齐全了之后，就开始找项目了。之前因为有职工住房公司托底，不愁没有项目拿，现在完全是自负盈亏，必须“找米下锅”，自己吃饭。在我们组建团队的时候，有三个前期项目出现。

第一个是张自忠路七号院中央纪委招待所的项目，他们的半地下室冒水 80 多厘米，长期浸泡，导致住房受到严重干扰。

第二个是北京市规划委整体规划的项目，拟快速发展的“万柳地区”，需要尽快投入前期。

最后一个就是市规划研究院对常营地区的开发项目，他们重视我们的工作经历，由我们专门为农民上楼项目作规划开发。

这三个项目都很光荣，我们率先完成了张自忠路七号院的扩建工程，由 3600 平方米的建筑物扩建为 5800 平方米，大大提高了使用面积。当时从预算到决算全部都由张守忠完成，中纪委对最后的结果很满意，他们领导对我说：“小刘啊，你们干得很不错，帮了我们大忙！”最后还给我们赠送了一面锦旗。

对于万柳地区的建设，我们虽然人少但心齐。那时候我们的会计师蔡继保只有周六、日才有时间到我这里来上班，极其辛苦。我们一起多次考察了宗祖庙、西苑、山前的海淀中部地区，提出了万柳地区开发的初步意见，并与海淀区主管领导签署了万柳地区的规划开发协议。

不过，令我们非常生气的是，迄今为止我们都没有拿到规划“万柳地区”项目的一分钱，曾经找他们负责人理论过，他们的同志说：“现在都股份制了，谁还同意给你们钱？”

第三个项目，常营农民上楼项目最后规划为32万平方米，最终的结果令双方都很满意。我们从公司的盈利中拿出37万元，买了一辆白色的原装进口本田汽车。

总之，第七开发部在北京市做地产，各方资源都很丰富，因为不懂商业运营规律，我们总是先干活，等工程结束了再按照协议收钱，所以有些项目抓住我们这个“弱点”，拖欠多年不给钱，至今有的还没给我们钱。

那几年收获了什么呢？

我觉得收获挺大的，我是属于那种“干一行爱一行”的人，也不太喜欢斤斤计较。

就像北京市第一中级人民法院审判房地产案例的法官说：“刘总啊，你们在万柳地区，哪怕一栋楼给1万元，你们也富裕了。”

因为我们这几个项目做得不错，中央各部委纷纷来找我们做前期咨询工作，我们的顾问团很受鼓舞，后来大家提议成立一家专门做前期工作的咨询公司。

恰好薛盛华书记退休，要来我这里。薛书记主意最多，他很赞成成立一家咨询公司。那天我们专门召开了会议讨论咨询公司的成立事宜。在讨论公司名字的时候，薛书记提议叫“金梦圆房地产咨询有限公司”。

当时大家听起来觉得这个名字很别扭，在干事不收钱、少收钱的思维指导下，起了这么一个“金梦圆”的名字，感觉一下子变成了一个“财迷”的状态，不过大家都对这个名字很满意。

之后，是大家一起出钱持股成立了这个公司，就连生活困难的小赵也出了 4000 元，成了公司的小股东。

金梦圆咨询公司在工商民政局正式办理登记手续，注册资金只有 10 万元。

☆北京金梦圆房地产☆

1996年，北京市职工住房开发公司书记和总经理二人找到我，让我从第七开发部脱钩，正式成立房地产开发公司。于是，金梦圆咨询公司注销，把房地产前期规划和建设业务一并列入经营范畴，成立了“北京金梦圆房地产开发有限公司”。之前的第七开发部顾问团也随之进入金梦圆房地产开发公司。

1997年11月1日，金梦圆房地产开发有限公司正式成立，我和我之前的那些同事们都非常高兴，在公司的成立大会上，我作了如下的成立致辞：

各位领导、同志们：

今天我们在这里欢聚一堂，庆祝金梦圆房地产开发有限公司成立，这是我们在座全体同志的心愿，是我们大家共同努力的结果。

回顾公司的起步和发展，我对在艰难历程中，帮助和支持过我们的领导以及各委办、各主管局，特别是市建委、市工商局的领导和同志们，表示深深的感谢；向无偿为我们提供贷款担保的华玉电子技术公司的领导，表示深深的感谢。公司永远不会忘记，在关键的时刻、困难的时刻，是你们的支持促进了我们公司的成长与壮大。

公司的建立经历了艰难与困苦，在这段时光中，领导和同志们伸出了援助之手，送来了精神食粮，特别是宣主任的题词“开拓进取，发愤图强”，时刻鼓舞着我们前进。我们依靠国家的政策和方针，不怕困难，不怕嘲笑，不怕侮辱，一步一个脚印地发展、前进。目前公司虽然还不强大，面临的问题和困难还很多，特别是北京房地产行业强手如林，但我们相信，只要沿着十五大精神走，遵循“开发建设，造福人民”的宗旨，努力为中央服务，为北京市人民服务，坚持社会效益和经济效益一起抓，不断加强公司员工自身的思想、政治以及开发建设所需的业务素质建设，时刻注重专业人才的引进，严格工程质量的管理，搞好售后的物业管理，继续发扬不怕苦的精神，相信公司不久的将来会更加壮大，会更好地造福于人民。

最后预祝大家心情愉快，健康长寿，谢谢大家！

金梦圆房地产开发公司成立不久，我虽然之前一直觉得这个名字不好听，但现在还是觉得挺顺耳的。别人都简称我们为金梦圆房地产。

当时窦店的劳模亲自登门造访，说道：“我知道你们金梦圆房地产不闹鬼，我代表我们窦店请你们过去，帮我们做个规划。合适的话，我们可以合作一个项目。”老同志这么信任我们，我们当然欣然同意。

金梦圆房地产在我主持工作的10年里，共做项目有：

一、北京市宣武区四平园8号楼，一个围合式建筑，三万平方米；

二、北京市西城区玉桃园小区12号楼，以及开发公司办公楼；

三、北京市石景山区海特花园45号楼；

四、北京市房山区窦店振兴花园小区。

实施批准的前期规划项目有：

一、北京市海淀区五塔寺路及周边地区一平方千米的规划方案，其中规划建筑面积为39万平方米，解决了唯一的城中村问题；

二、北京市海淀区星竹园景观住宅区 7.4 万平方米，完成北京第四制药厂退出二环的规划要求；

三、完善了北京市金梦圆老年乐园前期配套设施及建设工程，支持了老人院的开业资金；

四、完成了华北电力医院职工宿舍扩建的委托任务；

五、组建了北京市金梦圆物业公司。

2005 年 6 月，我被聘任到中国社工协会担任中国老年福利服务工作委员会执行主任，因工作忙不过来以及公司资金困难的原因，而将公司卖掉。

这是一件十分不愉快的事情，这次事件，让我认识到自己耳根子太软、决策太轻率等性格弱点。不论如何，这件事都成了历史，留下的只是同志们问候声中带着的遗憾。

☆我在孝亲的环境中受教育☆

1997年10月27日，市委市政府在市委第三会议室为金梦圆老年乐园举行了开业典礼，单昭祥和老干部局旷局长主持了这次典礼，出席这次会议的有各委办的主要领导，中国人民解放军海军总医院、阜外医院、北京医院的领导和心脑血管病专家，金梦圆老年乐园所在地石景山区委政府的主要领导，中央电视台等媒体都参加了会议。

会议对我们花5300万元建设老年乐园，为北京市离退休干部服务，赞叹不已。特别是当大家了解到已进住17位外交部参赞级、大使级老年人，唐家璇部长讲的“我的外交官就在此养老”时，领导们高兴地说：“北京金梦圆不仅仅是我市也是我国第一家民办企业的老人院，大家齐心协力帮助他们办好。”

当时的北京市公安交通管理局局长程毅说：“小刘，外交部有那么多领导住园休养，唐部长又那么重视，这说明金梦圆一开始就有了政治基础，应该迅速建立共产党支部，占领护养阵地，开辟中国民营养老新天地。”

会议气氛和谐而热烈，本来建园是为了完全落实离退休老干部“老有所养、老有所乐、老有所为”的政策，当时突然觉得责任更大了。为市委、市政府分忧这也是我这一代人的本分，我虽然嘴上没说出来，却一个劲儿地点头。

晚上七点，中央电视台新闻报道了“在北京西山风景区，北京金梦圆老年乐园养老院落成”的消息，还放上了老年乐园的照片和地图。

☆金梦圆“养老敬老”活动的展开☆

国家民委、外交部、北京八中、海娃幼儿园等单位纷纷相中了金梦圆老年乐园的多功能厅，只有20厘米高的舞台非常适合老年人和小朋友表演，人们纷纷在这里表演“毛泽东吃面条”和中外经典歌曲，特别是外交部老干部局的外交官一进会场听到音乐就会翩翩起舞，海娃幼儿园的孩子们为爷爷奶奶们跳舞唱歌，爷爷奶奶们还拉着宝宝们的手到园里采摘，金梦圆老年乐园是歌舞的海洋、欢乐的圣地，是孝亲教育基地，是研究养老政策的好地方。

民政部曾经在这里召开了几十次老干部局调研会议，中国社工协会把这里作为培训基地，“欢庆六一，找回童年”等多个项目在此试验成功，我们作为民办非企业的养老院建立党支部试点单位，特别是我们作为民办养老院建立党支部的经验被在全国进行了推广。

随着一件件、一桩桩“养老敬老”活动的展开，看到入住老人开心的笑脸，我比挣多少钱都满足得多。

从1997年开办金梦圆算起，至2016年被石景山区民政局收回我们的经营许可证，整整18年，这些年来，在一线实践中，我悟得了老人的内心世界，写出了歌曲《孩子，你亲亲我》，又和陈邦彦合作了《孩子，你等等我》，后被宋雪梅老师谱曲。《歌唱光荣的八大员》，后被宋雪梅演唱，鼓励我们的住园老人“友谊地久天长”，宋雪梅老师给《可爱的家》改词时，正逢挪威和比利时的专家来参观，宋老师还演唱了这首歌。2016年各国首脑在杭州参加G20峰会期间，白宫派专家和记者特意来参观考察金梦圆，宋雪梅演唱了这首《可爱的家》。新加坡总统府高层连续三年来乐园参观考察，英国有关人士在多次参观考察后，决定与我们合作，复制北京金梦圆的养老模式。

☆中国老年福利服务工作委员会执行主任☆

2004 年下半年的一天，中国老年福利服务工作委员会干事叶志良打电话说，他来过老年乐园了，没见到我，希望我第二天去一趟，而后他告诉了我地址。

叶志良是广东深圳人，职业是医生。他参加了 2004 年中国老年人福利服务工作委员会的筹备工作，举办了“中国老年福利事业发展之路——老龄产业与市场开发”论坛。

虽然叶志良主持工作只有半年多，但威望很高，找我来的是社工协会赵鹏奇秘书长，要我接替叶志良的工作，主持中国老午人福利服务工作委员会工作，出任协会的副秘书长兼执行主任。

中国老年福利服务工作委员会章程中明确规定，只能靠收会员会费和捐赠维持运营，无其他收入。当时有会员 200 多家，每家交会费 1000 元 / 年，理事单位交 3000 元 / 年，常务理事交 5000 元 / 年。

当时做“耳聪行动”项目和香港院长培训，民政福利司给了20万元。在协会工作的四年多，一共收入还不到100万元，由金梦圆老年乐园补贴了37.9万元，平均一年补贴近10万元。

☆不到一年的宁静被39个院长再次打破☆

回忆在中国老年福利服务工作委员会任职期间，那是2004年年末到2005年年初，在民政部社会福利司和社会事务司的支持下，在民政部下外交司支持和香港中联办的支持帮助下，委员会为全国养老院院长在香港开设培训班进行培训，每期收26人，共安排52期。

第一期在深圳福田社会福利中心举办启动仪式，由民政部老干部局主持启动仪式，广东省民政厅也出席了仪式，港方由魏嘉仪和陈邦彦到深圳福田社会福利院迎接。当我们中午到达香港时，多人打着横幅在火车站迎接，学员和港方院长共同唱起“我们走在大路上”的歌曲，引得周围许多香港市民围观。

考虑到52期是一个学期任务，需要有一个相对固定的场所，为此，开班前两周我特意赴港确定了教员，同时租了一个270平方米的教学场所。为了节省经费，我不住酒店而住在办公室，也免得每天跑来跑去，晚上我还可以把去酒店路上的时间用在处理学员的有关事宜上。

前几期培训班，第一节课由特聘老师李国明讲了香港回归，李先生讲得有声有色；专业课由香港院长兼任，学员们通过学习考试，拿到了毕业证书。

这几班学员，八天夜以继日地学习、现场观摩，学到了很多东西，湖北的吴九菊、上海的陆美玲、无锡的陈影、苏州的孙惠忠学习能力都很强。现在回忆起那时候在课堂上背着手答题的学员的样子，我常常乐得闭不上嘴。

在中国老年福利服务工作委员会工作期间，我还把“耳聪行动”抓了起来。

“耳聪行动”是和香港狮子会一起向内地贫困地区弱听、失聪的老人赠送1000台助听器的行动，这些助听器大约需要100万元人民币，每年由香港狮子会出资购买。我在职时，与香港、澳门狮子会的“狮兄、狮姐”们20多人，为内地贫困地区失聪老人评估和捐赠助听器。

“狮兄、狮姐”们的本职工作有当医生的，有卖菜的，有开工厂的，有当会计的，他们虽然工作不同，但对国内失聪老人的爱心是相同的，并且以捐赠助听器的方式表达出来。

☆全国模范养老机构☆

为了进一步推动全国养老机构管理的进步，我们于 2005 年向港澳台以及内地养老院发出“参加全国模范养老院机构评选申请活动”的通知，通知中明确了自提出申请之后要经过约两年的考察，达到三年无亏损才能参选。

当时全国养老机构约有 40000 家，申请参选的约有 5000 家，经过分级、分片的自检，于 2007 年 3 月，我们向 33 个单位所在的省市发出通知，要求各省市民政局福利处处长汇报具体情况。

不久之后，我们在京西宾馆召开了各省市申报会，并进一步进行筛选，提出召开“三个一百”的授牌大会。“三个一百”指的是一百个优秀护理员、一百个优秀院长、一百个模范养老院。各省市民政局福利处处长都情绪高涨，希望自己的省市能够多一块牌匾，特别是“全国模范养老机构”的牌匾。

2007 年 12 月，由民政部社会福利和社会事务司、国务院老龄化办公室、中央精神文明办、全国总工会、全国妇女联合会、全国外经贸部和中国社工协会共同支持，我们在人民大会堂隆重召开了“三个一百”颁牌仪式，我坐在主席台上，看着各省市的养老院院长坐在台下，他们神情专注，期待着大会为自己授牌。

湖北吴九菊说：“这是全国第二次授牌，我很激动。第一次评选在 1964 年，那时候是崔部长抓这事，全国四五个，这次是一百个，说明我国的养老机构变多了。”

香港天天护养院、嘉辉护养中心和广安护老中心分别获得了四块模范养老机构的铜牌。广安护老中心的陈邦彦院长说：“我在香港办了 17 个养老院，我狠抓质量，很受香港社会福利署的重视。我连续四次被评为香港最佳养老院，那时候我也很激动。但今天我在人民大会堂，手里捧着奖牌时，觉得这才是真正的第一。”他满眼含泪说：“我感谢祖国想着我们。”然后深深地鞠躬。

广州市老人院院长洪佩贤说：“我很激动，我从一个割胶工，到今天作为一名养老院院长，走上了人民大会堂的领奖台，这是党和人民给我的光荣，请组织放心，我回去之后一定把广州市老人院办得更好。”

原对外经济贸易部副部长佟志广发表了讲话，他说：“我过去常驻国外，看不到国内的动静，今天我看到了祖国养老事业前进的脚步，非常高兴。”

那天的会开得很热烈，中国老年福利服务工作委员会那天中午还在人民大会堂的西侧餐厅请大家吃了一顿饭。那一刻，群情高涨，这近千人的祖国养老事业的功臣们，坐在一起情同手足，互相交流，难舍难分、团结如一的大家庭形成了。

我也是走来走去，根本坐不住、坐不稳，没动筷子，也没跟大家说些什么。赵鹏启端着酒杯笑个不停。院长顾志萍说："主任啊，大家都高兴过头了。哎呀，太好了，我也高兴，等回去之后，我一定再抓一个院，把它干得更好！"

北京市民政局社会福利管理处处长魏小彪则说："主任啊，才给我们七个牌子，要多给一些才好，我们先进的养老机构还有呢……"

这次大会，还让会议代表住进了京西宾馆，吃上、住上了两会代表的饭菜和住处。代表们不是两会代表，只是全国的养老先进，他们也互相鼓励，希望哪一天能够成为两会代表。不过大家都乐呵呵的，能够得到内部的认可也是挺光荣和幸福的一件事。所以，我们每个人都有一股子两会代表的劲儿。不管什么时候回忆起这些往事，我都觉得挺开心的，会不由自主地笑出来。

☆全国异地养老互动式旅游定点单位授牌仪式☆

2007年8月31日，中国老年福利服务工作委员会在北京钓鱼台国宾馆举行了全国异地养老互动式旅游定点单位授牌仪式。

这天，阳光灿烂，代表们一大早就来到这座神秘的国宾馆。

陆美玲说："我从来没有来过。这次早早过来，照照相，参观一下。我们听说今天开会的房间是周恩来总理接待外宾的地方。很激动啊，所以老早就来了。"

我和陆院长说话的时候，已经有多位院长在主席台上模仿周恩来总理的样子照相了。

这次被授牌的单位有32家，其中香港有3家。这次活动启动了我国新的异地定点的养老模式，尽管当中出现医疗费用报销等若干难题，但响应的电话不断，来访的老人特别是离退休的老干部有很多。

各大报纸以及其他媒体的记者都追着我，想尽办法采访我，我记得新华社的记者也多次找我，他问我的第一个问题是："养老院有没有利润？"

我也是被逼无奈，实话告诉他说："养老院有利润，但是，薄得像刀片一样。"

因为这句话，我上了新华网。

10 多年过去了，至今还常常有人问我这个问题。

☆关于养老机构的公建民营☆

阎青春任民政部社会福利与社会事务司副司长时，主管养老。他是个大学毕业办事利落的军人，干什么就一定成什么。我们中国老年福利服务工作委员会给他当配角，接受他的指挥和管理。

2005年年初的一天，他打电话找我去他办公室，商议一次在处级会议上提出的养老机构公建民营的议题。

在那次会议上，我也是第一次听到有些公办机构年年要占用财政数亿的拨款。我认为他为国家，为老人获得较高的生活质量去考虑是非常正确的。

从现在的做法来看，倘若当时我们的建议被采纳，或者我们采取措施去贯彻，也不至于让公建民营的政策整整滞后了八年。这样能为国家节省多少钱啊！

也是因为这次事件，让我觉得自己的综合能力和解决问题的能力，还跟不上国家的需要。

☆在中国国际养老院院长协会工作的日子☆

2008年，中国社会协会副会长兼秘书长、老年福利服务工作委员会会长赵鹏启找我谈话，说从上边调过来一位同志担任工作委员会的总干事。

我一听就明白他的意思，这个人是来接替我的工作的。因为叶志良在任时就叫总干事。我在参加完“爱晚工程”大会后，主动准备了交接材料。不到一个月，就有人来办公室，我做了交接。

其实我还是挺舍不得这份工作的。那天我回到家里，虽然没有跟老贺说什么，但他好像知道了什么，就在那里絮叨，说：“刘蕴华，你知道你多大年龄了吗？以后别干了，在家里玩玩，到外边转转多好啊！”然后就是没完没了地絮叨。

没过几天，四川的刘鸣、上海的孙院长给我打电话，说他们有很多院长在武警总院等我，问我能不能去。我问他们要做什么，他们电话里也不说。我到了那里之后，一开门吓了一跳，约有40

位院长在那里等我。

他们说：“我们要成立华夏养老院院长协会，你参加不？”

我想到老贺在家的絮叨，一开始有点犹豫。

有的院长是急脾气，说：“你参加也得参加，不参加也得参加，还得给我们当会长。”

原来他们已经商量好了，特意来北京“捉拿”我，我只好同意了。

又开始了忙碌，需要帮助的人有很多，需要找一个部级会长来坐镇。选来选去，最后选中了民政部退休的纪检组组长李惠仁，李部长能力强，又很热心。所以当我们找到他时，他说：“我可以干，就是不会干，又不懂业务，还不如找别人干。”

我们好说歹说，最终总算把他说通了，愿意担任会长的职务，我另外又找了高占祥等多位老干部以及有关专家、教授、司局长等当顾问。

因为有这么一个超高水平的顾问班子陪着我们，所以做什么事情我们都不怕。就这样，一年又一年，已经走过了第八个年头。

记得在海口开成立大会的时候，年富力强的杜教授说：“好了，成立大会召开了，中国国际养老院院长协会已经向社会宣布成立了，大家有了这个单位，我们就可以以单位的名义研究养老工作了。”

从此，每年一次的华夏养老院院长联谊会召开得都很顺利。

明年，第八届华夏养老院院长联谊活动将在西安召开。

第四章

绵绵金色梦：养老院寄养老情

☆父母情：心中永远的遗憾和永远的追求☆

人，生命中越是缺失什么，在以后的人生道路中就越会去追求什么，越会珍惜什么。

父母之爱是我心中永远的缺失，也是我永远的遗憾。

对于我的父亲，从我得知他想抛弃我们，把我们送到小姨那里去的时候，我在内心里已经跟他有了隔阂，再后来他又给我找了后妈，我的心门，就渐渐地对他关闭，到紧闭，到再也不想去打开了。

我心中最大的遗憾，就是过早地失去了我的母亲。

世间最悲哀的事情是什么？不是失去自己的母亲，因为这世间几乎所有的人，总有失去自己母亲的那一天。世间最悲哀的事情是，在以后的所有时光里，你连自己母亲长什么样子，都无从记起。

有人说，不管你年龄有多大，度过的岁月有多长，当你失去母亲的时候，你就是个孤儿了。而有些人，在生命之初，就成了孤儿。

我就是这样的人。母亲离开的时候，我还没有满月，脑子里最是空白的时候，无所知生死，无所知爱恨，无所知遗憾。

不管后来我得过多少荣誉，有过多大的成就，做过多好的事情，虽然母亲不在了，我也总想在自己的心里，跟自己的母亲偷偷地说一些自己的小秘密，把自己的荣誉、成就、好事告诉她，与她分享，让她骄傲。可惜，我脑海中的母亲，永远都是一个模糊的影子，我不知道她长什么样，我不知道她会怎样去摸我的头，她会怎样看着我笑，她会对我说怎样的鼓励的话，她又会怎样为我骄傲。我统统都不知道。

有时候我也会恨，恨老天爷为什么那么早就把我母亲唤回了天国，恨老天爷为什么不让我母亲多陪我几年，甚至恨婴儿时为什么会没有记忆，如果有，哪怕我不能挽留母亲的生命，最起码可以记住母亲的样子，让她永远活在我的记忆里，让她在我的记忆里永远地陪伴着我。

正是因为这种父母之爱的缺失，它才会成为我生命中永远的追求。这种爱的延伸，在内，我从自己的丈夫、自己的孩子那里得到更多的爱，也愿意付出更多的爱；在外，我感恩、感激生命里每一个跟我有关的、帮助过我的人。也许，这就是我回来做养老院的一个初衷吧，它深深地藏在我的内心深处，潜移默化地影响着我的心态和行为。

我在我的家庭生活中，得到了更多的爱，也在付出更多的爱。

我跟贺程浩结婚之后，我们的生活非常幸福，贺程浩比我大8岁，对我呵护有加。在外，他帮我遮风挡雨；在内，他为我添饭加衣，真的是无微不至，体贴入微。我们在一起携手共进，我真的很享受贺程浩带给我的一切，我也真的很感激贺程浩带给我的一切。

刚结婚之后那几年，因为工作的原因，他去了青海，我们想方设法把工作调到一起。在青海的3年，日子真的是挺苦的。贺程浩身体好，他早已经适应了那里的高原环境和冬天的酷寒气候。我带着大女儿贺梅在那里，真的是不太适应，起初的那段时间，面对着高原反应、生活习惯难改等困难，我们没有吵过一次架，没有红过一次脸。只要是跟贺程浩在一起，我什么样的困难都能够克服。贺程浩总说，让我跟他过来，真是苦了我了。我也总是笑笑，对他说，只要有他在，什么事都不是大事，什么问题都不是人问题。

两年后，我带着女儿回到北京工作，贺程浩响应伟大祖国的号召，依旧留在青海完成自己尚未完成的工作。那时候，我们两地分居9年，就如同牛郎和织女那样，一年才见一次面。思念是我们共同的主题，夜梦是我们相见的途径。即便如此，我们之间的感情，越来越浓，越来越醇。因为我们彼此都知道，心中只有彼此，只有我们的家庭。

因为有此心，有此情，我们的生活就是幸福完美的。

1967年2月11日，是我跟贺程浩结婚的日子。2016年2月15日，是贺程浩离世的日子。我们两人在一起49年又4天。在这个世界上，能够陪你走过49年风风雨雨，又不离不弃，对你悉心呵护的人，能有几个？对我来说，有且只有一个。

贺程浩离开后，我天天都在想他，想我们在一起的点点滴滴，想我们在一起的日日夜夜。有时候，我都觉得贺程浩放心不下我，并没有离开，依旧在家里：我做饭，他看我；我看书，他看我；我休息，他看我。我做一切事情，他都看着我，温暖地笑。

我跟贺程浩这一辈子其实没有什么轰轰烈烈、大喜大悲的故事，我们在一起也从来没有说过“我爱你”这样肉麻的话，但是贺程浩用他的真心，实际的行为，无时无刻不在对我演绎这三个字。

我从小缺爱，但贺程浩用一生在为我弥补。贺程浩，谢谢你，如果有来生，我还要跟你在一起，三生三世，生死相依。

因为我是个没有父母之爱的孩子，所以我明白孩子是多么渴望父母之爱，我也明白父母之爱对孩子的影响有多大，所以，我对我的孩子从不吝啬爱。

我有两个女儿，大女儿生于1968年，小女儿生于1978年，两人相差10岁。大女儿出生后不久，贺程浩就到青海工作去了，为了能够让女儿有母爱的同时，也不缺父爱，我就带着她在青海待了三年。小孩子身体弱，青海高原缺氧，老是得肺炎。后来有了调整工作的机会，才带着她回北京的。不过，在我们跟贺程浩两地分居的这段时间里，我会经常跟女儿讲她的父亲，讲我们之前的事情，讲我们在一起时发生的事情，也会和她一起给她父亲写信，等到她父亲的回信，再教她识字，一起念信。我这样做的目的，就是让女儿觉得，她的父亲一直都在我们身边，让她不会觉得缺少父亲的爱护。

小女儿性格比较内向，不太爱说话。老大上中学，她上小学，那时候我跟贺程浩的工作都比较忙，两个孩子都非常独立，非常省心，我们上班，他们上学，脖子上都挂着家里的钥匙。那时候，孩子跟我说："老爸老妈，你们负责搞好工作，我们负责搞好学习，咱们都得奖状！"

为了尽量让孩子们的童年不缺少父母之爱，我跟贺程浩商定，每天的早餐和晚餐一定要跟孩子们一起吃。还有后来她们上学的时候，我们住的地方，尽可能地选在她们学校附近的地方，这样能够有更多的时间陪她们。

作为一个60多岁的老人，我也有些许的生命感悟：生命中，至亲至爱的人，只能陪伴你人生历程的一小段路。

有时候想想，其实恨，未必就是深仇大恨的恨，而是执拗的委屈。凭什么明明有父却无亲？凭什么有家却无爱？

然而，经历了这么多，当我看遍了这世间的风景名胜，看惯了这世间的人情世故，看多了这人间的分分离离后，也看清了生命的本质。也许，人生就是一场没有回头路的渡河，宽阔无比，我们每个人都无法选择遇上什么人、碰上什么事，当无意中遇上了一两个与你一起渡河的人，我们明知道他是过客，都要感激对方能够跟自己一起经风历雨。哪怕当时有些许的不愉快，事后还是会在心里感恩，感恩他在自己孤单时候的陪伴。

逝者已矣，生者继续。

就让曾经的不愉快都湮没在曾经里，就让当下的美好都继续在美好中。

成熟，包括两个部分：一部分是忽略眼前的残缺享受现有的美好；另一部分是抵御眼前的诱惑追求心中的理想。

生命，在此，释怀。

生命，在此，升华。

☆追忆奶奶：未能为之养老尽孝的永远遗憾☆

在古庄村我的老家，我不仅仅去祭拜了母亲，还去祭拜了奶奶。当年不知奶奶去世，未能在奶奶床头尽孝，为她老人家养老送终，是我多年的一块心病。

我打小是奶奶带大的，13 岁之后我跟奶奶在北京，我挣钱养活我们两个。后来我进了孵化厂，住了职工宿舍，奶奶对我放心了，就回老家去了。之后，我们见面的机会就少了，甚至奶奶离世的时候，我都没能见到她最后一面。

我自从离开老家之后，跟农村老家的人交流就少了，到了北京之后也很少回去。那时候的通信也不发达，村子里没有电话，只能靠写信。

我也是后来从哥哥那里听到奶奶去世的消息的。她是在“文化大革命”的时候走的。特殊的年代，我伯伯、叔叔都在那时候遭到了迫害，当时我在牛奶站工作，也受到了迫害，被发配到车间里洗牛奶瓶子。

奶奶的身体本来就不太好，抗日战争的时候，叔叔是共产党，后来有叛徒告密，奶奶被日本人抓了起来，严刑逼供，让她供出叔叔在哪里。奶奶不知道叔叔在哪里，就是知道，她又怎么可能说出叔叔的藏身之处。后来，日本人恼羞成怒，放火烧了房子，奶奶就在火海之中，得亏最后叔叔带着人把奶奶从火海中救了出来。因此，奶奶落下一身病。

“文化大革命”期间，他们说叔叔是修正主义，是右派分子，迫害叔叔。“文化大革命”从北京蔓延到农村，奶奶听说在北京的伯伯一家、叔叔一家，甚至还有我，都遭到了红卫兵的迫害，挨了批斗，她又无法知晓我们的具体情况，急火攻心，就病倒了。老年人身体弱，再加上这么大的打击，就一病不起，农村的医疗条件也不好，奶奶又是右派分子的亲属，不可能给她及时的治疗。熬不过，去世了。

除了老家的人给她送丧，北京的几个亲人都没能回去。在老家的父亲给北京的伯伯、叔叔发了一封电报，所以哥哥才知道的。他知道我跟奶奶关系最亲近，一来，当时的环境不允许我回去，二来，他怕我得知这个消息之后，伤心过度，才没有告诉我。

后来我得知这个消息的时候，已经过去好长时间了。我很自责，自责自己对奶奶的关心不够；我很内疚，内疚自己为什么明明知道奶奶身体不好，还不回到奶奶身边为她养老；我很遗憾，遗憾奶奶在生命的尽头，没能看到她一直以来都当成心头宝贝的我……在我得知消息的那天，我呆呆地坐在黑夜里，浑身瘫软，悲恸欲绝，但是我却发现自己连哭都无力哭出声来。我只能在黑暗中，满脑子都是当年跟奶奶在一起的一点一滴，幸福的一幕幕从眼前闪现，悲痛却充斥着自己的心房。我捂着嘴，两行清泪涌出，无声大哭。

奶奶对我是，大爱无私。

我对奶奶却是，大悲无声。

那天，在奶奶的坟前，我跟奶奶说了好多好多的话。不过，我说的都是自己这些年过得如何好，有了疼我爱我的丈夫，有了乖巧听话的孩子，有了还算不错的成就。我想让奶奶放心，她老人家一辈子都在操心劳碌，尤其对我最是放心不下。我想告诉老人家，请她放宽心，不要再为我操心了，我已经能够让她放心了。

但是无论如何，没能为奶奶养老尽孝，没能送奶奶最后一程，成了我这一生最大的一个遗憾。

后来，我开金梦圆老年乐园，赡养天下老人，为天下老年人尽孝，其中有一个心理因素，就是希望通过赡养天下的老年人，来弥补没能为奶奶尽孝的这个遗憾。

☆寻找小姨：为了那挥之不去的养老情☆

从无极县回北京之后，我心里一直萦绕着另外一件事和另外一个人，就是我的小姨。

我母亲去世之后，乡亲就带着我跟姐姐到赵县去找小姨，希望小姨能够收养我们，可她并没有收养我们。

60年过去了，这位在我的记忆里没有任何印象的小姨，对她当年所做的事情，我还是选择了原谅。

我就在想，我现在参与管理全国四万多个养老机构，又负责全国一万两千多个医疗机构，我整天为别人做事，安排全国其他老人的事情，对自己的小姨，怎么就不能做点什么事情呢？

往里了说，她是我母亲血脉同源的亲人，也是我的亲人；往外了说，她也是全国亿万老人中的一个孤寡老人。我建立金梦圆老年乐园的目的，不就是希望天下的老人能够老有所养、老有所依、老有所乐吗？

思来想去，我觉得还是有必要做这件事。

有段时间，我委托河北民政局的人帮忙了解调查一番，不过年代确实太过久远，再加上以前的人事档案、资料留存等都跟现在不太一样，想找一个老人，如同在大海里捞针一样困难。

最后，民政局的人也没有给出一个具体的结果，只是说一定会再做调查，最终还是不了了之了。

我姐姐在几年前也已经住进了我的金梦圆老年乐园，在我工作之余，我们姐俩常常会一起聊聊天，两位老人，说得最多的还是以前的事情。

那次，我去看望姐姐，两人聊着聊着，我就说起了我们的小姨，我跟姐姐说："咱们小姨你还记得吧？我记得她是没儿没女的，不知道有没有人照料，前几年我还托人找过她，不过没有什么结果。若是能够找到她，我倒是希望把小姨接进金梦圆老年乐园。"

我姐姐脸色变了一下，说："小妹，你说你还想管她？当年，她怎么不管我们呢？"

人们常说："乌鸦反哺，羊羔跪乳"。我跟姐姐两人从来没有得到过小姨的养育之恩，从某个方面来说，我们此时的"跪乳之恩，反哺之义"也就没有了落脚的意义。

对于我而言，乡亲抱着我到小姨家里去的时候，我尚在襁褓之中，小姨收不收养，我是完全没有任何概念的。可对于姐姐不一样，那时姐姐已经9岁，她已经开始记事了。父亲想把我们送给小姨，明显的就是父亲不要我们了，想抛弃我们。自己的母亲刚刚过世，父亲就将自己的女儿“弃之如敝屣”，放在任何一个孩子那里，这都是一种不可磨灭的创伤和不可愈合的童年阴影。我们又怎么会那么轻易地选择原谅？父亲想把我们送给小姨，小姨却没有答应，这么多年过去了，我姐姐依旧记得小姨当时的冷言冷语冷面孔，这就差不多相当于我们再一次被亲人抛弃，我们成了“多余的人”。

童年阴影最长久。

有时候，未必是因为我们看不开，而是有些人不是当事人，不明白我们作为当事人的痛与苦，所以有些人总会站在一个莫名其妙的地位去俯视当事人，又假惺惺地说什么我们看不开，我们应该选择原谅。

其实，我们嘴上这般说，也不过是对当年幼小心灵创伤的一种抚慰。如果我们找到了当年的小姨，或许，我们依旧会依偎在她的身边，拉着她的手，轻轻地说一句：“小姨，我们来了，你的身边还有我们，你不会孤单。”

看不看得开，并不取决于我们在某个特定时候说出的特定的话。人是一种很奇怪的动物，我们的思维言行有些时候并不是我们真正想要说的话、想要做的事。只有到了真正面对某些人、某些事的时候，我们才能做自己内心深处最想去做的事情。

听到姐姐这样的话，我完全能够理解她的心，我也并没有过多地劝解，只是在心里想了想自己的母亲，告诉自己说："还是找一找她，也是为母亲做一件事情。"

不管当年的恩怨如何，这么久了，也就淡了。哪怕心中还是过不去那个坎儿，可我还是想为她养老尽孝，因为在我眼中，她就是个老人，为天下老人尽孝，这是我的职责，是我的使命，也是我的梦想。

☆参观联合国人口老龄化展带来的刺激☆

我从小缺失父爱、母爱，所以我之后的生命里总是不停地追求爱，也因此我非常珍惜别人对我的爱。我感激在我工作、生活中帮助过我、温暖过我的一切人和事。

正因为如此，不管我做什么样的工作，认真努力是我对工作的态度，感恩他人是我做人的态度。

我在做金梦圆房地产开发公司的时候，抱有的初心是“修得广厦千万间，大庇天下寒士俱欢颜”，这是一个广泛的，针对社会，针对国家，甚至是针对人的一个愿望。真正让我了解到老年人问题，更明白了老年人问题严重性的，有三个事件。

对我触动最大的一件事，就是参观了一个联合国的人口老龄化展。

20 世纪 90 年代，我的金梦圆房地产开发公司已经完成了几个项目，在业界也是有口皆碑的。当时，国家号召国内的一些企业家到古巴去参观。

古巴也是现在世界上硕果仅存的几个社会主义国家之一，那时候的古巴，还是卡斯特罗当政，因为一直受美国的制约，国家不够强盛，经济不够发达，国民不够富裕。中国有心想让民营企业家到古巴参观，看看有没有合作的机会，帮助古巴富强起来。在古巴的首都哈瓦那，我们一行人参观了哈瓦那修女院，这是我特别有感触的一个地方。

古巴参观结束之后，我们绕道去了纽约，参观了联合国总部大楼。

1982 年 7 月，联合国在奥地利的维也纳主持召开了“维也纳老龄问题世界大会”，共有 124 个国家和地区参与了这次大会，中国代表团还针对国内的老年问题做了报告。自从这次大会之后，世界各国都开始关注人口老龄化问题。1990 年 12 月 14 日，联合国通过了 45/106 号决议，指定每年的 10 月 1 日为国际老年人日。2002 年，联合国大会又通过了《马德里老龄问题国际行动计划》。

我们一行人就是 1991 年来到联合国总部的，当时联合国大厅陈列了许多摄影作品、资料图、形势图、报告等，这些都展示了全球大量亟待解决的问题。比如某个地区土地龟裂，严重缺水；某个国家的儿童干小黑瘦，缺乏粮食；某个地区还存在战火、争端。

最吸引我的，就是那幅展示全球人口老龄化的展图。展图形象地说明了现在全球老年人口占全球人口的比重，全球哪个地区和国家是人口老龄化最严重的地方，以及未来全球老龄化的趋势。还有诸如老龄化会引起哪些世界问题，养老问题有多么困难，有老年人面临着老无所依、老无所养的难题。

我看到这些的时候，彻底惊呆了，尤其是看到中国。原来中国已经有了这么多的老年人，在全世界又占了如此大的比重。中国的老龄化问题早已经在我们不知不觉中到了这么严峻的地步。

那一天参观结束之后，我的心里似乎一直被堵着，我在思考，我这么多年来，想要做些什么，又做到了什么程度？老龄化问题难道仅仅是国家的问题吗？我们这些做实业的，是不是也应该为国家、为社会、为人民做一些事情呢？

于是，一个大胆的计划慢慢地在我的心里孵化，渐渐有了雏形。

参观联合国人口老龄化展之后，我对老年人开始尤为关注，后来《马德里宣言》针对人口老龄化的问题提出了三个行动计划：老年人与发展、提高老年人健康和福祉、确保有利和支柱性环境。这些内容，引起了我对老年人问题的重视，为自己建立老年乐园提供了一些引领和指导。

☆考察墨尔本老年村☆

第二个事件，就是在澳大利亚参观了墨尔本的老年村。

从联合国总部回来不久，政府代表团又带我们一行人到澳大利亚做一个行业性的考察。

澳大利亚有座城市叫巴拉瑞特，它是澳大利亚著名的金矿城市，也是一座著名的旅游城市。我们从巴拉瑞特快到墨尔本的时候，途经一个村庄，正在修建大量平房。那里已经有了很多建成的房子，那些房子的规格和样式都是一模一样的，斜顶小屋，白墙红顶，私密花园，周边有山有水，风景优美，绿树成荫，碧波荡漾，非常漂亮。

我问翻译：“请问那一片房子是什么地方？”

翻译看了看边上的建筑施工标识，告诉我们说：“那里正在修建老年村，是专门为墨尔本市的老年人准备的。”翻译大致说了一下老年村的概况，接着又说道：“十年后，将会有大量的老年人住到这里来。人口老龄化，不仅仅是澳大利亚一个国家的问题，也是全球性的大问题。”

翻译说完之后，我一下子就想到了自己国家也正面临着人口老龄化的问题，我自己正有想法，想要修建这样一个地方，苦于国内根本没有这样的蓝本可以参考，刚好遇到了，一定要抓住机会，好好取取经。

我提出建议，说：“能不能带我们去参观一下？”

翻译说：“这没问题啊！”

翻译就带着我们去参观墨尔本的老年村。

这个老年村是墨尔本市政府出钱修建的，虽然都是小平房，却是花园式建筑。每个房子都不大，最多也不过两室一厅，能够住三个人，这是以防万一，老两口生病，方便有护工日夜照顾。每个房子里边装修得都很温馨，屋外有一个小小的院子，院子没有围栏，种了一些亚热带的花草。周边有大型的医院，还有教堂，方便随时就医，也方便在教堂做礼拜。有些房子里已经住了一些老人，有些老人聚在一起，相互品尝带来的食物，有位老人在旁边优雅地吹着萨克斯，怡然自得，场面温馨又浪漫。

这次参观对我触动很大，后来我做金梦圆老年乐园，借鉴了很多他们的东西，并且结合了咱们国家自己的文化内涵、生活习俗、人文情怀等。

参观墨尔本老年村，让我对养老院的形式有了一定的认识。

☆参观哈瓦那修女院☆

第三件事就是参观哈瓦那修女院。

那次是我们跟随着政府代表团到古巴的首都哈瓦那的。古巴在历史上曾经是西班牙的殖民地，哈瓦那旧城区到处都是西班牙人五百多年前建的欧式古老建筑，大气典雅，古色古香，非常漂亮，令人流连忘返。这座老城也在1982年被联合国教科文组织列入世界文化及自然遗产保护名录。

常年受到美国制约的古巴并不富裕，我们住的公寓连自来水都没有，早晨洗脸刷牙还需要当地政府专门派人送来。社会经济萧条，一点都不景气。

不过，古巴这样一个小小的国家，能够推翻美国扶持的政府，建立社会主义国家，而且是美洲唯一的社会主义国家，这跟他们的领导人菲德尔·卡斯特罗是分不开的。

我们参观的那个养老院，就是一座修女院。它是一座旧式的西班牙庄园改建的，建筑古朴，非常有味道，环境也很好，藤萝缠绕，繁花点点。

修女院里住着一些修女和老奶奶，修女是天主教、东正教、圣公会以及信义宗的女性修行人员，她们须发三愿：绝财、绝色、绝意，从事祈祷和协助神父进行传教的工作。在这里，修女们除了她们日常的祈祷和苦修，还要照顾这些老人。据了解，这些老奶奶也都是当年的革命功臣。

我记得特别清楚，我们先去了其中一个房间看望一位老人，她没在，听修女说是到修女院中的小医院治疗眼病去了。她的房间特别小，仅仅放了一张床和一个小小的桌子。那张空荡荡的床上，放着一个小小的、脏脏的娃娃，安安静静地躺在枕头上，已经看不出眼睛的颜色，但看那娃娃躺着的姿势，就像在等待她的奶奶回来一样。

然后，我看到一个修女扶着一位老奶奶，往我们这边走，她的腿有一点跛，手里抱着一个相同样式的小娃娃，也是小小的、脏脏的。她在修女的搀扶下，一边往我们这边走，嘴里一边念叨着几个汉语词汇：“中国，中国，娃娃，娃娃，要，要！”

看到这位老阿婆，我一时间思绪万千，在某个瞬间，我又想到了自己的奶奶。

老阿婆一边口齿不清地说着仅仅所知的几个汉语词汇，一边颤颤巍巍地来到我身边。我两手抓住老阿婆瘦骨嶙峋的手，对老阿婆说："婆婆，你放心，等我回中国，一定给你寄过来一些大娃娃。"

老阿婆应该是听懂了我的话，说："娃娃，谢谢！娃娃，谢谢！"随后她又在修女的搀扶下，渐渐远去，回到自己的房间。

就因为老阿婆这番话，我回到中国之后，买了好多娃娃，大大的，很漂亮，那眼睛清澈动人，眼睫毛忽闪忽闪的。本打算给她们寄过去，但是当时没有国际快递，旅游也不开放，再加上美国的封锁压制，根本不可能寄过去。

可我已经答应了老阿婆，就不能食言。最后想的办法是，通过国家外交部，托外交官到古巴任职的时候给捎过去的。我记得很清楚，唐部长亲自发话，外交官带着六个箱子，一个箱子里装四个娃娃，一共二十四个，运到了古巴，送到了哈瓦那修女院，送到了老阿婆的手里。

我不知道老阿婆收到娃娃的时候心情是怎样的，我也不知道最后老阿婆何去何从，我只知道，这些老人真的很需要关注，很需要关心。他们真的需要一个能够温暖他们，让他们安度晚年的地方。

这次参观，更加坚定了我要开养老院的想法，也让我明白了老年人，明白了他们的心理需求，他们也像孩子一样，渴望关注，渴望爱。那一个小娃娃，在我们眼中也许就是一个小玩具，可他们不一样，整天孤苦伶仃，整天只有一个娃娃陪伴，手里的娃娃跟他们形影不离，就是他们的孩子，他们的亲人。

我以后要是修建养老院，一定不会建一个冷冰冰的地方，那里没有温情，只有一群等死的老人。我要建的是一个有温情、有感情、有爱、有欢笑的地方。要让老人感受到他们不是一群被抛弃的人，而是一群因缘会聚在一起享受人生最后快乐时光的人。

☆老领导的遗愿和一位会计师傅的经历☆

从古巴到联合国总部，再到澳大利亚，让我对人口老龄化问题以及养老院都有了新的认识，我已经开始构建心目中养老院的蓝图。

佛教中，一切都讲因缘。所谓因缘具足，结果自然成。从小缺失爱，这是因；我因缺失爱而一生都在追求爱，珍惜爱，这也是因；我被奶奶带大，却没能为奶奶养老送终，这遗憾还是因；我因为这一生的追求和一生的遗憾，而接触了老龄化问题，看到了老年人的孤独，明白了老年人需要关怀，这些都是因。这一系列的因，要想结成一个果，还需要一个诱发的因素。

真正让我明白，修建养老院是一件迫在眉睫、急不可待的事情，还是跟我身边的人分不开的。

我在交通局物业处当会计，我们办公室有一位会计师傅，姓顿。顿姓是个古老的姓氏，秦始皇时期，有个著名的大臣叫顿弱。

因为他这个姓氏太少见了，所以我对他印象特别深，大家都称呼他老顿，或者顿师傅。

老顿可谓“日夜劳顿”。

新中国成立之初，毛主席他老人家曾经说过“人多力量大”，再加上国人固有的“养儿能防老”的古训，家家户户都子女成群，人丁兴旺，但老顿父母只有他一个孩子。

老顿跟我年龄差不多，当时40多岁，快50岁了，他的父亲早些年已经去世了，只有一个常年重病瘫痪在床的母亲。20世纪八九十年代，大家都靠工资吃饭，谁都不富裕。平常人家想要请保姆照顾，那几乎就是天方夜谭了。

老顿非常孝顺，为了照顾生病的母亲，一直没有娶亲，他怕有了媳妇，嫌弃他母亲，让他们在生活上不愉快。再说了，如果娶个媳妇的目的，就是为照顾他重病的母亲，他也过意不去，就这么一直拖着，到了四十大几，还是一个人边上班边照顾自己的母亲。

老顿每天要起得很早，他要帮助自己的母亲穿衣服、上厕所、打理一些卫生等，还要做饭、喂饭、收拾摊子，最后把母亲安顿好，再去上班。即便如此，老顿还是赶在九点之前到单位。还好他家距离上班的地方比较近，他趁着中午休息的时间，还能回家照看一下母亲，看看有没有什么突发事件。老顿一般情况下，四点左右就会下班回家。单位领导也都知道老顿家的情况，特批老顿提前下班。同事们也会主动帮老顿，完成当日尚未完成的一些工作内容。

时代一直在发展，日新月异，可有些事情是不会改变的，比如说爱心和孝心。

我在做金梦圆老年乐园之前，无意中碰到了老顿，一起聊了聊，我还应邀上他家看了看。

老顿早已经退休了，他是提前退休的，目的就是在家一心一意照顾自己的母亲。他们两人还是住在之前的平房里——一个 30 多平方米的小房子。老顿的母亲非常瘦弱，但精神还不错，坐在一张轮椅上，糊里糊涂，有一句没一句或者重复一句地说着话。

母子两人就是靠老顿的退休金生活，日子过得紧巴巴的，不敢有什么“非分之想”。母亲下不了轮椅，身边也不能长时间离开人，老顿每天下午趁着母亲休息的时候才能去买些菜。

“顿师傅，怎么现在你……”我想问他怎么生活如此困顿，可我又不好意思问。

“唉，也没啥，都已经习惯了。这是自己的亲生母亲，我还能把母亲抛弃不成？交给别人我也不放心呐。”老顿坐在母亲身旁，看了一眼母亲，侧过身，对着我，满脸的惆怅。

俗话说：“子不嫌娘丑。”儿子照顾母亲是天经地义的事情，可我总觉得有些不太对劲。老子曾讲：“天地不仁，以万物为刍狗。”意思是说在天地的眼中，万事万物万生灵都是一律平等、没有差别的，所以才会有了自然环境中羊吃草、狼吃羊的自然规律。同样的，社会也是无情的。每个人因为自身的条件和周围环境的不同，造成了自己独有的生活。有些人富裕又清闲，有些人贫困且忙碌。

如果我们也能有像墨尔本老年村那样的养老院，顿师傅可以让母亲住进去，母亲可以得到专业护工的照顾，可以有专门的医生看护，还有其他老人的陪伴，她的精神不会孤单，身体不会垮掉；老顿呢，可以一门心思地工作，能够多挣一些钱，不至于生活如此贫困，还可以娶妻生子，他们可以一起去陪伴自己的母亲，也让母亲享受子孙绕膝的天伦之乐。

我的想法并不是说生病的母亲成了子女生活的累赘，相反，是让老人找到一种归宿。

对于身体不好常年生病的母亲来说，医院才是最佳的地方，因为那里有专业的设备，专门的医师，专职的护士。但是，医院是公共设施，它不专属于某一个人。

家里呢，老顿并不是专业的护理人员，缺乏护理知识，老人有时候难受却难言。如果是专业的护理人员，可以一眼看出症结所在，给予紧急救助，再送往医院。再者，家里只有老人和儿子。俗话说：久病床前无孝子。有时候，未必是子不孝，绵延缠绕的病痛，折磨的不仅仅是病人，还有家人。病人是当事者，他更多的是无奈；可家人是正常人，常年以来不能离开病人三步之外，会把人逼疯的，这是人的本能特性，跟孝心无关。

这时候，就凸显出养老院的好处了。养老院里有专职、专业的护工，养老院附近必定会有一家医院，这是必备的条件。另外，养老院里也有专职医生，应对一切不时之需。养老院里有大量的老人，老年人最怕的是什么？其实不是怕死，孔子说：“五十知天命。”人在50岁时就已经看破了生死，更何况大部分都是60岁以上的老人呢？老人最怕的就是孤独。俗话说：老还小。意思就是说老人有时候跟小孩子是一样的，他们的很多行为都属于无意识而为之。或者说，他们明明知道某些事不能做，一做就是错事，但他们依然会去做。小孩子不能离开大人，是缺乏安全感；小孩子故意调皮做错事，是为了引起大人的注意和关注。老人的行为，跟小孩子是一样的。他们也不能离开人，也是因为内心缺乏安全感。内心的孤独感，最能掏空一个人的生机。养老院里有许多心理需求相同的老人，他们都知道最需要的是什么，他们会散发自己的能量，温暖彼此的心，让大家都不再孤独。

温暖是什么，温暖不就是一颗心与另一颗心的摩擦，彼此产生的温度吗？

“唉，如果咱们国家能像外国一样有养老院、敬老院，能给老人提供一个温暖和谐的地方，老人能少受一些罪，你也能把生活过得好一点。”我忍了忍，还是把自己的想法对老顿说了出来。

“养老院？”老顿刚开始还不太明白。

从20世纪80年代实行计划生育的时候开始，国家提倡“只生一个好，政府来养老”，民间养老院那是闻所未闻，见所未见。到了90年代，政府的政策又改为“只生一个好，政府帮养老”。国家的政策虽是如此，但是国家的养老院对于普通民众来说，门槛太高，几乎没有人听说过。所以，当我提到养老院的时候，老顿还是挺迷惑的，他都没听说过哪里有所谓的养老院。

“是啊，养老院，但凡咱们国家的老人，都可以入住，让老年人老有所养、老有所依、老有所乐。在这里，有专门的医生负责老人的健康，有专门的护工照顾老人的生活，有更多的老人在一起，他们不再孤单。”我说的话，就是我最初对养老院的一个定义。

那天我跟老顿聊了很多关于养老院的话题，说给他听其实也是说给自己听，老顿是第一个听众，我给老顿讲的同时，也是自己不断设想、不断完善的过程。

通过这次跟老顿的讲解，越发让我觉得，在中国开办养老院已是一个迫在眉睫的事情。20世纪80年代已经把计划生育作为一项基本国策，全国都在倡导一个家庭只要一个孩子，那30年后，中国会有多少个家庭夫妻两人不仅要承担一个孩子的养育，还要承担四个老人的养老，这是多么可怕的一件事情，对于大部分的家庭来说，又是多么巨大的负担。

最后，我也只能安慰一下老顿，并给老顿留下一些钱。钱不算多，可聊胜于无吧。其实我知道，老顿这时候需要的并不是钱，而是一个能够帮他照顾母亲的地方。但是，这个地方现在真的没有。

见过老顿之后没多久，我的一位老领导生病住院了。

这位老领导是我早些年在农机局工作时候的一位领导。我在工作期间，他对我帮助挺大的，有些不懂不会的，都是他教我的。尤其是我刚刚进入外事局办公室的时候，什么都不懂，他教我对于外事，要讲究什么原则，要把国家利益至上，又该如何待人接物，等等。在外事局那几年，我的各项能力都有了质的提高，思想境界有了很大的提升，这都与他的谆谆教诲分不开。

后来我换了好几个工作，跟他依然有一些联系，不过不是很多，毕竟工作上已经没有了交集。等他退休之后，我们反倒是交往的频率更多了一些。毕竟，人与人的细碎的生活琐事和思想交流，比工作有更多更宽广的话题。

我出国那几次回来，都有跟他聊过我的感受，也跟他提过我的想法，开办一所养老院。他是非常赞同和支持的，并且给我提出了很多中肯的建议。

那天我到医院的时候，看到老领导孤单一个人躺在病床上，身边连个人都没有。

老领导的老伴早已经不在了，他有两个儿子，一个儿子在外省，因为在“文化大革命”期间，知识青年上山下乡（到农村接受贫下中农再教育），在那里扎了根，结婚生子，后来也没有再回北京；另一个儿子在国外定居。老领导这病来得突然，已经给两位儿子带了信儿，只是现在他们还没回来。

老领导看到我来，想起来跟我打个招呼，插着输液管的手用了用力，却没有抬起来，我赶紧走上前去，抓住他的手，关切地说道："老领导，您就别动了，好好养病。"

老领导冲我笑笑，说了一句："帮我、帮我把床头，抬高。"

我把手里买的一些水果放在他的床头茶几上，将他的病床床头升起，又给他垫了一个枕头，把他的头放舒服了，才坐在他身旁的凳子上，拿起一个橘子，轻轻地剥了起来。

我一边剥着橘子，一边跟他说话："老领导现在一个人住，平时得好好注意身体才是。这次生病，也太突然了。"

我将一瓣橘子剥干净，上边的橘络，甚至橘子的籽儿和那条橘线都剥下来，递到老领导的嘴边。

老领导嘴里嚼着橘子，嚼了好几下咽下去后，说道："唉，人老了，这身体啊，已经不中用了。"

我说："想当年，咱们办公室啊，就数您的身体好呢。我记得咱们单位组织爬香山。好家伙，您老在前边那可是跑着上的山，等我们到了山顶，您都等半天了。"

老领导说："这时间啊，过得太快，一恍惚，都20多年过去了。时间催人老，不服不行咯。"

我说："通知他们哥儿俩了吗？"

老领导说："老大，估摸着明天就能回来。老二要回来啊，至少还得一周。"

我说："不容易啊，我早跟您老说了，让您老找个保姆，好歹能够里外有个照应，不像这次，摔倒了快一天才被发现，要是再晚啊，后果当真不堪设想。"

老领导说："唉，蕴华，上次你从国外回来，说想要修建一所养老院，我是真的很支持。咱们国家呀，就真该往这方面多使使力了。要是你那养老院建成了，老头子我可是要第一个入住的，你就是想赶我走，我都赖着不走。"

我说："瞧您老这话，您放心，我现在已经在琢磨这事儿了，这段时间，我想先做个小策划，再找之前的一些领导们商量一下，出出主意。这是一个大工程，要事先考虑清楚了。"

那天，我跟老领导在一起聊了很久，大多时候，都是我在说，他在听，聊我们当年，聊国家的形势、政策，聊这几年的变化，聊社会的发展。

但是，聊得最多的还是养老院。那段时间，建一个养老院这个想法在我脑子里疯狂地转啊转，驱之不去，不呼自来。

最后，老领导实在是扛不住了，躺着睡着了。我走的时候，帮他又盖了一下被子，走到门口，又回头看了他一眼，当时我的心里突然跳出来这样八个字：人到老年，倍觉凄凉。

真的，就是这八个字，我很奇怪为什么会有这样的想法，可那时候的场景：一个孤单的老人，老伴不在了，子女又不在身边，躺在医院的病床上，闻着医院的福尔马林味儿，这时候老人最想要的，可能就是有个人跟他说说话吧。

没过几天，我就收到了老领导的讣闻。参加老领导葬礼的时候，我心里充满了遗憾和愧疚。我内疚地想：如果我能够早些时候意识到养老这个问题，早些时候把养老院建起来，这样就能够有更多像老领导这样的人住进去，他们就会少忍受几年的孤单，多享受几年的人生。我完全没有去想，即使我早几年知晓这个问题，我又哪里有那样的思想、那样的觉悟、那样的财力去建立这个养老院。

我在老领导墓前鞠躬的时候，暗暗对老领导说："老领导，您放心，我一定会遵照您的遗愿，尽快把养老院建立起来，让更多的老人早日脱离这种孤单凄凉的境况，享受一下夕阳的美好。"

第五章

圆梦在1998

☆梦想，抗住了 4000 亩地建小区的诱惑☆

20 世纪末期，中国的城市建设开始越来越快，兴建楼房的浪潮愈演愈烈，房地产行业也越来越赚钱。我的金梦圆房地产开发公司顺着这股社会的浪潮也越做越大，生意越来越好，有了一些资金积累。金梦圆房地产开发公司，已经是行业内数一数二的房地产开发巨头。

1997 年，北京的某个区县邀请我到他们那里去。

当时的县长、规划局局长等一干人领着我，来到他们区县的一片区域。

规划局局长对我说："刘总，你们金梦圆公司从成立到现在这么多年了，参与规划、建设了很多工程，有大量跟政府合作的成功案例，在行业内大名鼎鼎，是非常值得信赖的。"

我说道："局长您过奖了，这也是政府工作做得好，不然也不会这么顺利。"

规划局局长指着眼前的一片区域，说：“刘总您看，就眼前这片地，有2000多亩，已经在开发规划当中，预计今年年底就会完成拆迁。只要刘总点头，这片区域就由刘总的金梦圆公司承建。”

听到规划局局长的话，我心中吃了一惊。

规划局局长看到我的表情，就知道我心动了，他接着说：“刘总，您是房地产行业的翘楚，想必应该很清楚行情，商品房的大潮即将来临了。”做了这么多年的房地产，我对于这个行业是非常了解的，1997年是中国房地产行业腾飞的开始。

规划局局长看了看我，继续说道：“咱们国家的房地产行业，可以说在一定程度上受到了香港房地产行业的影响，尤其是南方沿海地区，房地产行业已经开始升温，而且很多广州的开发商来北京参与房地产投资。您应该比我更清楚这个行业才对。”

规划局局长的话一点都没错，我现在的合作伙伴中，也有几个广州人。而且我也去过香港，考察过房地产行业。

1997年，香港的房地产行业正值巅峰时期，到底有多疯狂？从1984年到1997年，香港房价年平均增长超过20%，中环、尖沙咀等中心区域，每平方米十几万港元，甚至有超过20万港元的。其他不说，简单举个例子，当时香港买房，首先需要买号，有人花150万港元买一个号，转手就卖出去，能赚几百万港元……

1997年的香港房地产行业是衰败前的繁荣，1998年、1999年，房地产泡沫崩溃，房价开始暴跌。但是 1997 年、1998 年那段时间，没有人相信它会破灭。

我对规划局局长点点头，说："没错，这将是不可阻挡的趋势，这也意味着，房地产开发将要迎来一个百年不遇的机会。从国家这两年的政策，以及这两年的市场风向，就能看出来。"

当时国家给了什么政策呢？

1996 年，经国务院批准，国家计委、财政部联合印发了《关于取消部分建设项目收费进一步加强建设项目收费管理的通知》（以下简称《通知》）（计价费 [1996]2922 号），这个《通知》公布取消了 48 项建设项目收费。这个政策使房地产开发成本得到一些降低，对房价的合理化起到了一定的作用。

1997 年夏天，"住宅建设成为国民经济新增长点的研究"课题组在北戴河召开了一个小型研讨会，成为房地产业被列为国家支柱产业的开端。这个政策一出台，此后十几年房地产业取得了迅猛发展。

1997 年 10 月 3 日，北京市房屋土地管理局发布《北京市房屋土地管理局关于办理安居住宅权属登记买卖交易手续有关问题的通知》。

规划局局长笑了笑说："我就说嘛，刘总肯定懂行，这些政策的出台都是对房地产开发行业的支持跟鼓励，这也意味着房地产开发行业将会在未来几年内迅速崛起，并越来越大。"

我冲规划局局长点了点头，又扭头看了看身边的薛书记，他眼神坚定，对我点了点头，我明白他的意思，机会难得，是要我答应下来。

一下子抛出来2000亩地，确实是很大很难得的机会，简直就是一块巨大无比的肥肉，放在我的面前。按照当时北京的房价来说，这一块地，就能够赚十几个亿。

当时的十几个亿那是多少钱?

有多少人能够禁得起这种诱惑呢？

可修建养老院的想法，还是在我脑海中闪现，让我犹豫了。

规划局局长见我没有说话，又对我说道："你再看那边，那边也有近2000亩，这边的工程开始启动的时候，那一片就开始拆迁，争取在这片地区建成的时候，那一片刚好接得上工程。怎么样刘总？这可是4000亩，一次性拿出来4000亩，想必整个北京也不多见吧？"

一个"行"字，在我的嘴边打转，只要我轻轻一张嘴，这个字就立马蹦出来，我相信只要我当场答应下来，我就能够得到这个机会，照我当时手里现有的资金，再加一些贷款，完全可以拿得下来那2000亩，等这2000亩工程款下来，我就会有更加充裕的资金去接下另外的2000亩。

可我，还是忍住了，没有说话，只有我自己清楚，我这时候不是无话可说，而是我怕我一张嘴，不由自主地答应他。

薛书记就跟在身旁，他见我愣在那里，似乎咬着嘴唇，不敢张嘴说话，对我的行为非常不理解，轻轻碰了我一下，我才从慌神中清醒过来。

规划局局长又说道："怎么，刘总是怕这里赚不到钱吗？刘总是行业内的精英，应该比我更清楚未来几年房地产的发展行情，再说了，现在北京复八线正在修建，预计明年开始通车，您也曾经在城建集团做过事，在规划局应该也有几个朋友，北京的地铁线路，没有几年就会通到这里，您试想一下：地铁开通之后，从这里到二环不过十几分钟的路程，这块地会涨成什么样子，刘总应该很清楚。"

复八线是北京一号地铁线的东段，从复兴门到八王坟这段路线，复八线在 1998 年开始通车。

我做房地产行业这么多年，当然明白规划局局长说的每一句话都是真的，这是一个巨大的商机。

就在我差一点就忍不住，想要同意规划局局长提出的合作意向时，我逝去的母亲、逝去的奶奶、逝夫的老领导，还有之前在联合国看到的老龄化问题、墨尔本的老人村、古巴的修女院，这一切都涌现在我心头，让我狂热的脑子就那么停顿了一下，就像一个人躺在炎热的沙漠里，已经觉得自己快要蒸发了的时候，有一滴水，滴在了眉心。那滴水未必是像冰水一样凉，可在那样的环境中，那一滴水足以沁入心脾，刹那间让我冷静下来。

我趁着这一刻的冷静时间，对规划局局长说："局长，这是个大工程，能不能给我三天时间考虑。"

这么大诱惑摆在面前，想要一下子就拒绝，那是大不可能的，除非是圣人，而我只是一个吃着五谷杂粮的凡人。

规划局局长看我一眼说："当然，这是一个大工程，需要考虑的方方面面太多、太广、太复杂，刘总先考虑一下。"

那天，我记得我是匆匆忙忙从那里回来的，一路上都是恍恍惚惚的。薛书记也对我的行为非常不理解，他一路都在跟我说话："刘总，您今天的状态不太对劲啊，您这是怎么了？是不是哪里不舒服？"

我说："没事。"

薛书记又说："刘总，今天这是个大工程，按照我们现在的资金流，拿下第一批工程完全没问题，这是千载难逢的好机会，您怎么没有答应下来？"

我没有说话。

薛书记又说："刘总，我可是听说，他们可不仅仅找了我们一家，这么一个香饽饽，别人都是争着抢着要上的。规划局局长信得过我们，他们才把这么好的一个机会给我们的，我们不能白白浪费吧？"

最后，我还是问了他一句："老薛，你觉得什么才是社会主义？"

薛书记说道：“刘总，您是不是又想起了您说过的养老院了？”

关于养老院的事情，我跟薛书记说过我的想法，薛书记是非常支持我的，但是此时这么大的工程放在这里，薛书记也有些不忍放弃。

我说：“是啊，咱们都出生在旧社会，见过太多的悲欢离合，吃过太多的苦，可我们都挺了过来，为什么呢？就是因为我们心中有一个信仰，一个社会主义的信仰。我们一直说社会主义比资本主义好，比资本主义优越，改革开放这么多年了，我们这批人应该是最早接触外部世界的人，我们的眼光不能太狭隘，不能再坐井观天了。单从养老这块来说，他们已经走在了我们前面很远很远了。落后一些不可怕，可怕的是，我们看着他们一骑绝尘却依旧原地踏步，甚至倒着往回走。”

薛书记跟我共事这么多年，他是很理解我的，听我说完也就不再说话了。

这一路，我们俩都很沉默，我不知道薛书记在想什么，我也不知道我在想什么，因为这时候我的脑子很乱，时而是看过的养老院，时而是孤苦的老人，时而是那片 2000 亩土地，时而是建成大楼后大卖的场景。

回到家之后，我没有像往常一样钻进书房看材料、看财务报表、查资料，而是坐在客厅的沙发上，盯着电视，两眼恍惚，什么也没有看到。

我的行为太奇怪了，往常，不管我回家多晚，我都会把当天的工程进度情况浏览一下，“今日事，今日毕，勿将今事待明日”，这是我对待工作的态度。

贺程浩看我这样，就问我：“你怎么了？工作遇上困难了？还是哪里不顺心了？”

我说：“没有，今天有人邀请我，要给我一个大工程。”

贺程浩问：“有多大？”

我说：“前后加起来，4000 亩。”

贺程浩说：“那是不小，资金不够吗？看把你愁的，不行就贷款。”

我说：“贺程浩，不是因为这事儿。”

贺程浩问：“那是为什么？”

我说：“贺程浩，你还记得我跟你说过的养老院吗？”

贺程浩说：“记得啊，这段时间你不是一直在查相关资料吗？我很支持你的工作，等你建成了，我先去占个床位。”

我看着贺程浩，没有跟他一起笑，而是问道：“如果接了这个工程，那养老院就不知道什么时候才能启动了。要是去做养老院，就没有资金再做项目了，你想想，很有可能养老院会是一个无底洞，不知道要填进去多少钱。”

一个是赚钱的买卖，一个是赔钱的买卖；一个是事业，一个是理想，鱼和熊掌，不可兼得啊！能不犹豫吗？

贺程浩想了想，一脸严肃地对我说："老刘，你觉得老天爷亏待过我们吗？"

贺程浩虽然说的是我们，可我明白他的意思，他是问老天爷对我怎么样。扪心自问，除了我幼年丧亲，童年缺爱，自打我工作以来，我的领导、我的同事，对我都非常好，还有我的丈夫、我的女儿，给了我最想要的温暖和爱。老天爷确实是对我不薄，我也挺知足。

我说："老天爷是眷顾我的。"

贺程浩又问："你觉得人这一生，什么最重要？"

人这一生什么最重要？这是一个大问题，千百年来都没有人搞清楚的大问题。

是金钱吗？金钱再多，吃不过三餐，睡不过一床，穿不过寒暖，行不过快慢。我们都曾经穷过，可我们不觉得那时候有多苦、多累、多难受。我们也算是富过，可我们也不觉得吃得有多好，穿得有多好，用得有多好。因为我们最在意的是我们爱的人和爱我们的人，都在身边，他们好好的，很快乐，我们就觉得很快乐，很知足。

是名声吗？名声又是什么？君不见翻开《二十四史》所有赫赫有名的人，都逃不开政治跟杀戮。可是，历史上的平民百姓多半都不幸福，就是因为争名夺利者多矣，为民办事者鲜有。

难道是因为为民办事这些小名小利，被太多人的"雄心壮志"

所看不起？那我情愿做这个小人物，为百姓、为老人办一些踏踏实实的事情。

我想明白了这其中的道理，很感激地看着贺程浩说："贺程浩，谢谢你，谢谢你的理解，谢谢你的支持。"

贺程浩笑了笑说："你能想明白，还是因为你内心深处偏向于养老事业，你是听从了你内心的声音，我只不过是让你听得更清楚一点罢了。"

说罢，我俩都笑了。

第二天，我在公司开了会，将我的想法告诉了公司的高层，反对者占大多数，但是薛书记公开支持我，我们还是义无反顾地决定放弃这 4000 亩的诱惑，准备筹建养老院。

之后，我跟规划局局长通了电话，婉言拒绝了他的好意。规划局局长还是很意外，也很遗憾，并且说道，如果我愿意，我们金梦圆还是可以随时加入的，那么大的工程，他不会放心全部交给一家公司承建。

就这样，我为了心中的那个养老梦想，抵抗住了 4000 亩工程地的诱惑，我开始了筹建养老院的计划。

☆中国古代的养老思想以及“养老院”☆

自从将养老事业放在心上之后，我也查阅了很多资料，来了解中国古代是如何养老的，不能只关注了国外养老院的模式，就一味地照搬照抄，毕竟中国人的思想跟外国人的思想还是有所不同的。

中国古代的养老思想，可谓源远流长，早在周朝就已经出现了养老场所，不过资料上并没有讲述得太过详细，一直到唐朝才形成了比较完善的养老制度。

《左传》记载，春秋时期已经有了“老有加惠”的制度，意思就是国家对老年人进行一些特殊的赏赐，就是为了让老年人老有所养。可见我国从那时候开始就已经非常重视养老工作了。

其实，当我查阅资料看到这个政策的时候是很震惊的，因为以我当时的知识体系觉得，中国古代一直都是封建帝王的压迫统治，没想到会有这般充满人性又现代化的政策，“老有加惠”完全可以理解为“养老保险”嘛。仅凭这一点就让我对古人的政策刮目相看。

《礼记·礼运》中是这样说的：“故人不独亲其亲，不独子其子，使老有所终，壮有所用，幼有所长，鳏、寡、孤、独、废疾者皆有所养。”这句话的大概意思是，人们不能仅奉养自己的父母，养育自己的孩子，而是要让天下的老年人都能享受其晚年，青壮年能为社会效力，儿童能顺利地成长，年老的鳏夫、年迈的寡妇、孤儿、无子老者、残疾人都能得到社会的关爱。

对于这个思想，我是非常认同的，后来我担任中国老年福利服务工作委员会执行主任的时候，研究养老政策和养老机构的做法，这个思想一直影响着我，并且一直延续至今。

几千年前的中国，都已经有了这样的思想和做法，我们现代社会已经进步了几千年，难道还比不上以前的人们吗？可见养老事业是一项需要有人一直做下去的事业。

那么古代的“养老院”是什么样的呢？我根据自己后来的养老经验，着重介绍以下几个朝代的“养老院”以及对比之后的经验和得失。

唐代的“养老院”叫“悲田院”。

悲田院由悲田院、疗病院、施药院三院组成，它符合当时的历史特点，从名字也能看出来一些端倪，悲田院是由僧人管理的养老院。

唐朝时期，佛教大行天下，僧人又以慈悲济世为怀，故此设立悲田院，来赡养那些鳏寡孤独的老年人。起初，悲田院只在洛阳、司州各有一处，后来皇帝觉得此法可以推行，便把悲田院设置成为半官半民的慈善机构，由政府选址建立悲田院，并且设置专门的官员来参与管理，但不作为主要管理者，主要管理者还是以佛教寺院的僧尼为主。从武则天长安年间开始，将此法推行到全国各道诸州。

悲田院免费收留那些流浪老人、无后老人、贫困老人以及患病老人，并且生病者可以进行免费诊治，死后由官府出钱负责埋葬。

从悲田院的模式可以看出一些现代养老院的端倪，把医院和养老院结合在了一起，这就是现代养老机构一直推崇的“医养结合”模式。另外还有一点，从悲田院模式还总结出了一条重要的经营模式：公建民营。“公建民营”是一项非常实用，而且非常符合当下国情的养老模式。

宋代的“养老院”叫“福田院”，现在的记载不多，数量也不多。宋神宗和宋英宗在东京汴梁城营建了四处，收容老幼贫病，数量少，福利也不算多，赡养的老人也不过三百多人。

不过，对宋代养老院的模式，我也经过了一番深思，对我后来的工作大有裨益：养老院是全国的事业，修建养老院要尽可能推己及人，在全国范围内都要推广开来。

明白了别人的缺点，自己就要避开这个缺点。后来我从事养老事业时，不管是担任民政部的中国老年福利服务工作委员会的执行主任，还是担任中国国际养老院院长协会的执行会长，我的初心和目的，就是为了全国，乃至全世界，能够有更多的养老院，能够让更多的老年人住进养老院。

我在后来的工作当中，就非常鼓励修建养老院。我曾组织开办养老院院长培训班，就是为了培养更多养老的人才。在民政部工作，也尽可能在保证质量的情况下，多批几个养老院资格证，为更多老人提供养老场所。

元代的养老院叫“济众院”，是由元世祖忽必烈在全国推广的，收容鳏寡孤独和残疾不能自养的老人。济众院有专门的田产，这些田产生产的粮食用来供养老人，以及承担养老院的其他开支。按理说，这也不失为一个很好的办法。只可惜，元朝政府管理混乱，官员贪赃枉法，不到百年就灭亡了。

明朝的养老做得很不错，从法律、制度、养老机构等各方面来讲，都比较完善。

明朝的养老院叫“养济院”，遍布国家的各省道甚至边疆卫所。朱元璋时期就钦定了一部“养老法”，叫作《诏天下养老之政》，后来《大明律》也做了相关规定。《大明律》是明朝的“宪法”，也就是明朝把养老作为一项基本国策，颁布了法律，并且写在宪法中，规定了各地政府、官员，若有符合条件的老人不收养、应当给予的补给少给或者不给，都是犯罪行为。

养老事业本来就是一项任重道远的事业，必须有国家法律、政策的支持，如果没有国家，单凭个人，肯定是不可能做下去的。

明朝的养济院大部分都是政府出资修建的，也有部分是地方的富人出钱捐建的，一切都由政府管理。史料记载，明成化二年（1466 年），仅仅北京城养济院里的孤寡老人已经有 7490 多人。可见养济院的规模之大，养老之众。

这样的规模和力度，也只有国家才能负担得起。我从中国老年福利服务工作委员会离任之后，做了中国国家养老院院长协会的副主任，从某种意义上来讲，我就是想集合民间的力量，呼吁国家重视养老事业，建立更多的养老院，帮助更多的老人。

清朝的养老院规模并不大，数量也不算多，最出名的就是老北京城广安门外的“普济堂”。普济堂是由民间善人王廷献以及一些富人出资营建并管理的，受到康熙帝以及后来历任皇帝的支持。乾隆帝即位当年，就令顺天府接管了普济堂。普济堂由民间善堂变成了官办，并且一直流传下去，到了清末民初，普济堂又变成了民间救济性的善堂，被民间称呼为“老人堂”，变成了一个专门的养老机构。

这种模式，大概属于“民办官营”了。我后来对比过“公建民营”和“民办官营”两种模式的优劣，最后得出的结论是，在社会主义市场经济的前提下，还是“公建民营”的模式更适合。“公建”是利用了国家强大的财力和政策优势，“民营”则是将经营方式更加自由化、多元化、市场化，更加有利于养老院的发展。

普济堂专门收养60岁以上、无依无靠的老人，名额以千人为限。名额满后，有人报名则写在签上，放竹筒内，俟有死亡空缺，摇签顶补。堂内每五人住房一间，每间房间有字号编列，以备查考。每天供应一日三餐，吃饭处如寺院斋堂，每月吃鱼吃肉小荤数次，平日大众菜一味，准许自备菜。每月准离堂三天，如三天不到，则除名。

普济堂的日常管理模式在当时的条件下是很先进的，甚至跟现在都差不多。我后来开办金梦圆老年乐园的时候，对于老人的膳食格外上心，这是老人生活的基础。

普济堂的基础设施也比较齐全，设有厨房、汤房（供饮用水）、剃头房、医药房、总管房、佛堂等。堂内老人可量力从事其他工作，准许赚钱添补零用。每逢立冬，发棉袄一件，清明收回，另给席扇等。老人进院后，平时各房字号都雇有服务之人，可以送物件、买卖东西、保管财物，老人死亡则有棺木安葬。

我查阅资料，看到这里的时候，非常吃惊。这样的养老机构几乎已经是一座具有现代管理理念的养老院，不仅仅注意到老人的身体健康，还顾及心灵方面，设立佛堂，让老人有个宗教信仰，不至于胡思乱想，另外，佛教也讲究生死轮回，安抚老人的心灵，让他们看清楚人生的本质，看破生死的谜局，不至于怕死。这跟西方社会养老院中设立教堂有异曲同工之妙。中国现在虽然提倡科学，反对迷信，不过佛教作为一种思想，一种哲学，还是有很多东西可以借鉴的。

当然，我之后要建的养老院不会修建佛堂，但是会用另外的形式来呈现，比如开办老年大学、培训中心等，目的也许不是让老年人学习什么文化知识，而是能够让他们有个开阔视野的机会，提高思想水平。人的思想越开阔，有些内心深处害怕的东西，就会越来越释然。

从古代的养老院，可以得到很多启发，为我以后营建养老院提供了很多借鉴和想法。

☆ 1998 年，金梦圆老年乐园竣工☆

我从国外参观回来以后，联合国大厅里关于全球人口老龄化的宣传、哈瓦那修女院满园的紫藤萝瀑布、墨尔本老人村五颜六色的平房建筑，一直在我脑子里萦绕。我把我想成立一所养老院的想法，跟我之前的一些老领导们分享了一下。

这些老领导大部分都是我曾经工作上的领导、同事，他们当中大部分人都经历过抗日战争、解放战争、新中国的成立、新中国的建设，甚至很多人也在“文化大革命”中受过迫害，被迫下过岗，之后又重新回到工作岗位上，一直到 60 多岁，才从自己的岗位上退下来。可以说，为了国家，为了人民，他们奉献了自己的大半生。像他们这辈人，乃至我们这辈人，都有一个原则，就是：生命不息，奉献不止。

除了这些我曾经的老领导、老同事，北京市每年都会有大量的离退休老干部，他们已经为了国家、为了人民努力了一辈子、奉献了一辈子。这些老人真的需要一个老有所养、老有所乐、老有所依的地方来安度晚年，享受人生最后属于自己的美好时光。

我把我的所见所闻、所想所感告诉这些老领导的时候，得到了他们的一致认同。于是，我就在单老、程老、宣老、纪老、崔老、刘老、张老、薛老、蔡老等人的支持下，组织了一个北京市敬老联谊会，一起探讨养老院的建立事宜。后来在我筹备金梦圆老年乐园的时候，又组成了一个专家顾问组。敬老联谊会的部分成员，也是金梦圆老年乐园的顾问组成员，另外又拉来一些对养老事业很重视、很关心的领导来做顾问组的成员。

我本身就是做房地产开发的，资金、规划、设计等工作自不必说，都不是问题。我们需要先进行选址，再走审批程序，再因地制宜进行规划设计。

我身边又会聚了一帮工程技术人员，又有强大的顾问团，一时间信心满满。

起初，我们选址在西八里庄附近，那一片我还是比较熟悉的。我跟这个区的领导还算有些交情，之前跟他们合作，做过一些工程。这次又跟他们合作，我们做了一个 8 万平方米的规划。距离这片地不远的地方，还有一所新世纪学校，交通也便利，有一条平安大道，通往市区。

就在我们把 8 万平方米土地都已经规划好了，准备拆迁、安置居民的时候，张局长来找我了，他说：“刘总，实在是非常抱歉，这块地不能批给你们用了。”

我听了之后，当时一懵，反问道：“这是为什么？不是已经批给我们使用了吗？各种证明、批复、手续全部都已经办好了，怎么出尔反尔了？”

张局长说：“实在是太抱歉了，新调任的北京市政协主席要建立一座人民政协报大厦，看中了这块地皮。您就发扬点风格吧！实在是对不住了。”

我当时是有些恼怒，又有些沮丧的。本来都已经批好的地方，规划都规划好了，就等着一拆迁就开始破土动工，没想到，上级的一句话，说收走就收走了。人口老龄化是全球现象，中国也是老龄人口大国，大规模的老龄化问题，会在10年、20年后涌现出来，矛盾也会在那时候变得突出；至少，现在是没有问题的。

难道非要等到了矛盾突出的时候才开始化解吗？难道非得等到问题出现的时候才去解决吗？中医理念中，医生的最高境界是“治未病”。传统的思想中也有“防微杜渐”“徙薪曲突”等防患于未然的词汇。更何况老龄化的问题已经出现了，难道还不应该赶紧去着手处理吗？

西方国家，养老院都是国家出资来建设的，现如今我用民间力量，来做一件利国利民的大事，还受到了一些阻碍，这让我有些灰心丧气。

不过，我并没有放弃。哪怕受到了一些挫折，我这颗养老、敬老的心是火热的，我身边还有这么多志同道合的战友跟我一起扛，我们在一起，相扶相携一起前进。

这次的挫折，让我觉得养老事业任重而道远。我们需要坚定自己的内心，迎难而上，克服一切困难。

不久之后，石景山区规划局南副局长调到北京市里任职。我跟南副局长也有过一些接触，我们房地产公司在石景山修建海特花园 45 号楼时有过来往。南副局长人很不错，很热情，他调到北京市任职之后，主动来到我们公司找我。

南副局长说：“刘总，听说你需要一块地皮，想建一座养老院？”

我说：“是啊，本来已经批好了一块地，就在西八里庄，差一点就破土动工了，结果他们说要建人民政协报大厦。没辙，我现在正愁呢。”

南副局长说：“刘总，或许您可以考虑一下石景山，我们那边还有一块空地，大约近百亩，地理位置非常不错，就在永定河畔，距离八大处风景区也不远，依山傍水，是块风水宝地。养老院嘛，就应该应了陶渊明那句话：“结庐在人境，而无车马喧。”那边空气好，又安静，风景优美，适合养老。西八里庄这块地，按照市里的规划，过不了多久就成市区了。”

北京的四环，从 1990 年亚运会的时候就已经开始修建了，这些我都是知道的，亚运会的时候，北四环学院路到四元桥路段已经开始通车，这也是为了配合亚运会的举办。当时我在城建集团以及亚运会办公室工作，知道这事儿。不过四环路全线通车是在2001年，我们在西八里庄选址建养老院那会儿，西四环正在施工，还没有建成通车。不可否认，一旦四环通车，西八里庄在西四环边上，车马喧嚣的，确实不适合作为养老之地，我觉得南副局长的话说得很有道理。

我说："真是多谢南副局长操心，您这番话也对我帮助不小。要是有机会，我想实地考察一下，您觉得如何？"

南副局长说："可以啊，随时欢迎。"

很快，我们就找了个合适的时间，带着我们的顾问组以及南副局长，到石景山区考察。

这块地是20世纪50年代建的一所兵营，有围墙、营房等，不知道已经荒废了多少年了。我们去的时候，只有一个生锈的大铁门，铁门两边各有一个大大的五角星，由于锈蚀太严重，只能隐约看到一个轮廓。进去之后，荒凉一片，另外一边还有一片玉米地，听说是看门的老大爷种的，时已初秋，玉米尚未成熟，长势极好，金黄的玉米又长又大，碧绿的玉米秆，苍黄的玉米花，一眼望不到边际，甚是喜人。这边生机勃勃的景象，与那边残破的营房，形成鲜明的对比。看门老大爷不在，他应该不会在这里常住，可能偶尔回来转一圈。毕竟这里除了那片玉米地，也没有什么可偷的东西，小贼不会笨到来这个地方偷东西。而玉米也是家家户户农民都有的东西，大家也都不稀罕。

环绕四周，单砖修葺的围墙破破烂烂，有的地方看起来摇摇欲坠，倒塌的地方陈旧多年，连那些倒塌后的墙砖都不知道被谁捡了去。往里边走，就能看到几排营房。毫无生气，到处都是坍圮的痕迹。那些营房，我们都不敢进去，真害怕一阵风来，它就轰然倒塌了。

我们在这地方大概走了一遍，这块地并不平整，有些地方坑坑洼洼，需要填平；有些地方看着土质松软肥沃，适合种植花花草草。往北望，不远处就是八大处公园、西山国家森林公园、香山公园这三大公园。往西南望去，永定河卷着千年的文明积淀，缓缓而下，河面之上，又有点点渔船，有来有去。

从风水学上来讲，这叫：前有照，后有靠，被山带河，两边有抱。这是一等一的风水宝地。此时初秋，枫叶未红，银杏未黄，秋风起时，树摇叶动，金菊飘香。周围还有一些果树，果未全熟，但果香袭人。

这一圈下来，每个人的鞋上都是一层厚厚的土，我更惨一些，穿了一双凉鞋，脚上都是土。跟我一起来的人都挺不好意思，说：“刘总，您看弄得您两脚两鞋的土。”

我说：“嘿，这有什么关系？都是从农村出来的孩子，从小谁不是玩着泥巴长大的，跟土亲切着呢。再说了，以前上工地，哪次不是两脚泥出来？想必这就叫作泥腿子吧。想当年，在咱们主席的领导下，泥腿子照样能打江山。”

这话一出口，大家都笑了，尴尬的气氛一下子没有了，拉近了彼此之间的距离。

看罢之后，我就觉得这是一个好地方，养老院非这里莫属了。我的顾问组成员也都觉得这是一个好地方，好景致，好风水，给人好心情，好状态。

从石景山考察回来，我们就开始紧锣密鼓地张罗建院的前期活动，专业的技术组到实地去考察，做一个详细的规划，开始设计养老院的细节。行政部开始拟各种申请、报告、请示、方案，递交给有关部门，抓紧时间办下批复、批示等。工程部招兵买马，准备建筑材料，雇用建筑工人。

我作为一支团队的领导者，就应该把所有事情想在前边，并且做好应对所有突发事件的准备。所谓有备无患，不至于临事措手不及。

一切准备就绪。

破土动工那天，我和顾问组到现场挖了第一掀土，宣布金梦圆老年乐园正式开始修建。

自金梦圆房地产开发公司成立以来，修建了多少高楼大厦、房屋楼台，像这样的动土仪式我也参与了不知多少次，可哪一次都不像那天感触深，又激动不已。

接下来的三四个月，金梦圆老年乐园的工地差不多就是我的家了。而我自己的家，几乎没有回去过。贺程浩支持我的工作，他也明白，有时候我忙起来根本就不知道时间是什么，更何况金梦圆老年乐园是我的梦想，现如今是金梦成真的时候，当然会多多理解我，支持我。他有时候有空，也会到这里来看我，给我带一些亲手做的我喜欢吃的饭菜，叮嘱我注意身体。身体是革命的本钱，如果金梦成真了，身体垮了，那才叫镜花水月一场空。

那段时间，我小女儿正在上大学，每周回家一次，每次都看不到我，她倒好，每周周末也不回家了，直接到工地上来，陪着我一起过周末。

对于贺程浩的体贴入微，女儿的真心陪伴，我很感激，就在我办公桌一旁，放着一张我们一家四口的照片，我工作累了、倦了，就会拿起照片看看，对他们笑笑，仿佛他们就在我身边鼓励我，支持我，我就觉得心里暖暖的，浑身再次充满干劲。

1998 年 9 月，金梦圆老年乐园终于完美竣工了。

在剪彩仪式上，我幸福地喜极而泣，为我自己，为我曾经的亲人，更为天下所有的老人。

☆ 1999年，中国第一个民间养老院金梦圆的开业盛典 ☆

1998年的深秋，遥望远处香山和近处八大处，可谓红叶飘飘，黄叶飞飞，山鸟呖呖，西风淅淅，给人一种天高气爽、心旷神怡的感觉。我忍不住会想起毛主席的那首《沁园春·雪》：看万山红遍，层林尽染，漫江碧透，百舸争流，鹰击长空，鱼翔浅底，万类霜天竞自由。

在这样美好的季节里，金梦圆老年乐园竣工。

当年，金梦圆老年乐园试营业，迎来的第一批老人是外交部以及其他部委的19位离退休老干部。

为什么率先入住的是外交部的离退休老干部呢？这其中有一段因缘。

中国人的传统观念里，向来崇尚多子多福，养儿防老。即便在人口老龄化的大环境下，老人和子女明知道养老院的各项设施、条件都非常优越，但绝大多数的老人还是不愿意进入养老院。尤其是农村，老人思想观念陈旧，而且哪个老人要是被子女送入了养老院，即使是自愿进去的，子女都会被别人戳着脊梁骨骂为不孝。

孝文化是中国几千年来根深蒂固、深入骨髓的传统文化。封建统治阶级推崇的忠君思想，就是建立在孝文化的基础上。对父母的孝，转化到皇帝那里，就是忠君。而古代的养老院收容的大部分老人，都是鳏寡孤独、残病弱穷。这些人无后，没有办法赡养自身，国君为了宣扬自己的仁政，设置养老机构，照顾这些鳏寡孤独的老人。

虽说新中国成立，摒除了传统思想的糟粕，但是这些几千年的思想一时半会儿是不可能完全被割除的，尤其是在广大的农村地区，还有很多很多的老人是没有受过教育的。对于城市老人来说，情况尚好，尤其是从国家机关退休的老人。

外交部的退休老人，他们常年驻守在国外，见识过国外的养老院，也多多少少受到西方思想的影响。他们明白养老院的功能和目的，明白这是社会进步的文明产物，是对老人的关怀，是对家庭的减负，是对社会的承担，是对国家的贡献。

我参观古巴的哈瓦那修女院回来之后，答应给老阿婆送娃娃，就是通过外交部的关系。当时我跟外交部的唐家璇部长陈述了我想在咱们国家修建一所属于中国的养老院，唐部长非常支持我的想法。当金梦圆老年乐园还在修建的时候，唐部长就带着外交部老干部局、财务司的工作人员和部长助理来参观考察，对我们老年乐园非常认可，并且跟我说：“刘总啊，你这所养老院实在是太好了，我觉得一点都不输那些发达国家的养老院，我很喜欢，我想以后我们外交部就在这里定点养老，刘总肯不肯收留我们这群老头子啊？”

我当然是很欣喜的，我记得我们金梦圆房地产开发公司在做职工住房开发的时候，市政府就让我们搞一个试点性的敬老院，给以后的离退休干部养老用，宗旨就是“老有所养、老有所乐、老有所为”。那时候，我就已经有了要修建养老院的想法，很爽快地答应下来，愿意做这个养老院的第一人，起到带头作用。后来我们联合一些离退休的老干部，组成了敬老联谊会。

唐部长有心把这里当作外交部的定点养老机构，我很高兴，对他说：“唐部长，瞧您这话说的，金梦圆的大门就是为所有老人敞开的。自从那次拜托唐部长给哈瓦那的老阿婆送娃娃后，咱们就已经结缘了。”

唐部长还对自己的同事说：“咱们是做外交的，对于养老那是七窍通六窍，一窍不通，咱们是外行。养老是一门技术，以后，咱们外交部就与金梦圆确立合作关系，咱们部里的离退休老人愿意的话，都来这里养老。”

就这么着，金梦圆老年乐园竣工试营业之后，首批入住的 19

位老人，其中大部分都是外交部的离退休老干部；此外还有书法家汪从云，老党员荆汝俊。

外交部的老人可能跟其他老年人不太一样，他们每天必须要看电视、看新闻，了解国家政策、民生大事。金梦圆老年乐园就是为老人着想，急老人所急。老人有需要，当然要满足。于是，我们就满足老人的愿望，给他们的每一个房间都配备了电视机，供他们看新闻之用。再有什么其他的要求，也都一一满足。毕竟，对于养老事业，我也是头一遭涉足。查阅再多的资料，参观再多别人的养老院是一回事儿，自己真正经营养老院，就是另一回事儿了。

金梦圆老年乐园开业的第一年，仅仅处于试营业阶段，没有做过宣传和推广，毕竟我也是第一次做养老院，很多事情都不太懂，要经过一个适应期和过渡期。住进老年乐园的人也不算多，刚好够我们一边经营，一边改进。我也想着，准备第二年做一个小小的推广，这样也有了一定的经验，不至于突然有了大规模的老人，会觉得手足无措。没料想，第二年竟然等来了一个想都不敢想的“天大的机会”。

1999 年 5 月，单老和北京夕阳红栏目的领导到我园，跟我商量说：“刘总，您这家金梦圆老年乐园，是咱们国家的第一家民办养老机构，刘总这是敢为天下先呀！”

我笑了笑，说：“养老，是我的一个梦想。这跟我这一生的经历有关系，能够为老人做点有意义的事情，是我最大的满足。”

夕阳红栏目负责人说：“刘总，您这个理想真的是太伟大了。我们栏目的相关领导非常重视，并且跟市委市政府的领导进行了磋商，市领导觉得这是一件大事，甚至可能是一件影响深远的事情。我们商议的结果是，市委市政府要给您和您的金梦圆老年乐园举行一个开业典礼。”

市委市政府要为我们金梦圆举行一个开业典礼？这可是极大的“荣耀”啊！我当时还有些懵，觉得不大可能。

单老说：“刘总，这是您应得的，也是咱们金梦圆应得的。这说明咱们国家没有忘记咱们，也说明了咱们这件事是做对了啊！”

单老很激动，我也很激动。

1999 年 5 月 12 日，北京市政府在市委第三会议室给我们举行了开业典礼。

市委市政府能给一个民建民营的机构举行开业典礼，对我们来说真是莫大的荣耀，与会人员都是市委市政府的领导，我方代表有我们养老院的一些高层领导，还有海军医院的一些主要领导。给我们主持会议的有两位老人，其中一位是大名鼎鼎的单昭祥，另一位是北京市老干部局旷局长。

单老是我在农机局时候的老领导，他老人家退休之后一直从事首都的绿化工作，担任首都绿化委员会常务副主任、北京绿化基金会会长，并且在 1991 年荣获全国绿化造林模范奖章，被誉为“绿化老人”，单老也是我们金梦圆老年乐园的顾问组成员之一。

单老主持得非常好，他还邀请了中央电视台以及其他一些国内知名的媒体前来采访、报道。

市委市政府能够给我们举行开业典礼，这是一件我们觉得非常荣耀的事情。这说明我们建立老年乐园这件事得到了市委市政府的认可和高度赞扬，给了我们非常大的鼓舞和信心。

还有一件让我觉得非常荣耀的事情，是中央电视台的《新闻联播》播出了我们养老院。

就在开业典礼当天的晚上 7:00，《新闻联播》向全国人民，甚至全世界人民介绍了我们养老院——金梦圆老年乐园。大致是说在中国的首都北京，八大处山脚下、西山风景区，成立了北京第一家民办养老机构，也是全国第一家民办养老机构，还介绍了我们养老院的一些特点。

在那个年代，《新闻联播》可是国家最重要、受众最广泛、影响力最大的新闻媒体，能够上《新闻联播》的一般都是国家大事或者国家重要的新闻。我们金梦圆老年乐园竟然上了《新闻联播》，可见在当时真的是一件可圈可点的重大事件了。

金梦圆老年乐园的领导，还有海军医院的领导都非常高兴，非常兴奋。证明我这个决定得到了国家的认可，我没有做错，我确实是在做一件有功德的大事。

后来，金梦圆老年乐园成了中央各部委七八十个老干部局的联络点以及养老单位。中央各部委的离退休老干部们也把金梦圆老年乐园当作举办同学会、生日会的聚会地点，经常到这里来。

从此，金梦圆老年乐园渐渐地打出一些名气，老人也渐渐多起来，他们之中大部分都是为党、为国、为人民操劳一生、奉献了一生的老人，他们每个人都是有故事的老人。

我的朋友汪自力为金梦圆老年乐园题写了一首小“诗”：

刘总创办金梦圆，
京城百姓乐翻天。
八大处外又一处，
不住凡人住神仙。

汪老师这首诗写得真的太有意思了，对我而言意义深刻，也老爱跟别人讲。后来，一些领导或者社会上的爱心人士到我园参观，给老人送温暖，总能看到我们张贴的一些墨宝，他们看到这首诗，就会笑着说：“刘总这园办得好，就像这首诗写得那样，八大处外又一处，实际上，与八大处比起来，刘总的金梦圆更有意义嘛。而且这里的老人天天这么开心，岂不就是住着一群老神仙，哈哈……”

快乐似神仙。

我也真心希望我们金梦圆的老人能够永远快乐似神仙。为了这个目标，我一直努力着。

在此，感谢他们对我们金梦圆老年乐园的认可和支持，也感谢他们对老年事业的奉献和奋斗。正是因为有你们高屋建瓴地立规立策，因为有我们的实际执行，才有了老年事业的发展，对老年人踏踏实实的关心和关注。

第六章 老人乐，夕阳红

☆金梦圆——老年乐园☆

说实话，当年我给自己的房地产开发公司起名叫“金梦圆”的时候，真的没想到后来会从事养老事业，也没想到我会把养老事业作为自己的一个梦想，更没想到养老事业这个梦想能够圆满实现。只能说，这一切都是上天注定的，上天早已安排好了一切，而这一切都是最好的安排。

为什么我们的养老院不叫“金梦圆养老院”，而叫“金梦圆老年乐园”呢？分几个方面详细说一下。这也是我们金梦圆老年乐园的特点、特征、特色。

先说环境。

中国古人讲究天人合一。天人合一就是人与自然的绝佳匹配，和谐而居。

金梦圆是我的梦想。这里的每一寸土地，都有无数个我的脚印。对于金梦圆的环境，我也非常清楚。从大环境来看，依山傍水，老人每天在园中就能够北望八大处、香山和西山。人们常说：香山之美在于人工，八大处之美在于天然，其天然之美又有过于西山诸胜。其实，照我说，能够坐在我们园中就把八大处、香山的美景都欣赏一遍，又能坐拥如此清幽的环境，才是最美好的景致。

从小环境来讲，那就是我们金梦圆的一大特色了。金梦圆占地一百亩，不算很大，不过我们的绿化面积非常大，绿化率将近80%，是非常舒适的田园风格的建筑。

园中四时皆美，我非常喜欢这里的环境，几乎天天都要在园里待着，哪怕工作太忙，我也不会离开园子一周以上。这里春天百花盛开，蝴蝶自来。夏天的景致，我可以用园里老人写的一首诗来描述：

暂绝去来心，园中一片林。
枯根滴泉响，嫩蝶抱花沉。
日午蝉声懒，庭荫榻迹深。
白云如有意，穿竹伴清吟。

园里的老人都是很有文化底蕴的。我总觉得，能够将我们的园子写进诗里，那是一种飘然若仙的感觉。

秋天是园里老人最喜欢的季节，因为园里种了很多水果和蔬菜，老人对于这些果蔬非常上心，别看他们都这么大岁数了，打理这些小菜园子，都是“能手”。我们不鼓励老人去劳动，但也不反对他们去做这些事情，适当的劳动对老人的健康是有好处的。

到了秋天的时候，他们喜欢三五成群到菜畦、果园去溜达，看着那红红的西红柿，多么有成就感，食堂里能够吃上自己动手种植的蔬菜，是一件多么开心的事情。还有那红彤彤的山楂、黄澄澄的杏儿，让人的心情止不住地好起来。

我们金梦圆有三个园：金园、梦园、乐园。冬天园内小雪覆盖，诗意盎然。梦园有阳光棚，里面温暖如春，月季、牡丹、牵牛花，姹紫嫣红，争奇斗艳。老人趁着阳光尚好的时候，喜欢到梦园坐坐，看看这里的红花绿叶，古色古香的连廊，还有廊外种植茂密的龟背竹。龟背竹对人的身体健康大有益处，它的花语就是：健康长寿，也代表了我们对老人的祝福。

贺程浩最喜欢梦园里的龟背竹了，曾经在这里拍过不少照片。每次都是我陪着他，女儿跟我们拍照。这是多么幸福的事情。

再说团队。

医疗团队是必不可少的。金梦圆的医疗团队特别强，从建园之初，就选择跟海军总医院联合。不得不说的是，金梦圆老年乐园的第一任院长吴新生，就是一名心外科专家，他当时也兼任第一任门诊部主任，还是海军总医院高干病房的主任，对老人关怀备至，呵护有加。

护理团队是金梦圆老年乐园的基础，他们都是工作在第一线的护工。建园之初，一切都是从零开始的，我们的护理团队由海军总院的护士来培养。后来国家卫生学校逐渐增多，就聘请卫生学校护理专业的毕业生来工作。当然，学生大部分的学习都是以理论为主，而我们金梦圆老年乐园已经有了一大批专业的护理人员，再给这些“学生兵”进行定期的技术培训，理论联系实际，让他们尽快地融入我们的专业护理团队当中。由此一来，我们金梦圆老年乐园便常年拥有了一批爱岗敬业、经验丰富的护理团队。

我们护理团队的宗旨是：让躺着的坐起来，让坐着的站起来，让站着的走起来。护理团队的态度是：像对待自己的父亲母亲、爷爷奶奶那样对待老人。我们经过实践不断打磨的专业团队，也得到了国家和社会的认可，我园被中国老龄事业发展基金会作为全国爱心护理工程建设基地，为其他养老院培养护工团队。

其实，我们的这个宗旨，可以说是我养老事业的理念。

从我多年的观察和经验来看，对于老人来说，最难过的就是一天到晚都躺在床上，哪怕床边有人伺候，有人说话。老人躺在床上，就会觉得自己已经是个废人，他们从心理上容易产生自暴自弃的想法。

万念由心起。一旦这个念头出现在他们的脑海里，对老人就是个不可恢复的严重打击。所以，我们尽可能地通过理疗和护理，让躺着的老人坐起来，这样可以推着他们到园中去看一看，有美丽的景色，有热闹的人群，有欢乐的笑声，对老人来说，这比任何的药物都有效。老人受到感染，就希望能够参与到当中去，我们就一步步，让他们从坐着，到站着，从站着到走着，去参与到大家的活动中去。

而从我们的服务态度来讲，老人就是我们的亲人。因为我建园的初衷就是把老人看作自己的亲人，这样，我们才能用自己最温暖的笑容对待他们，让他们舒心，让我们自己也宽心。

正因如此，我们园在招人的时候，都会把态度和好心放在第一位。

其他的，诸如领导团队、顾问组、财务之类自不必说，跟老人息息相关的还有一个比较重要的就是食堂。

老年人不像年轻人，他们运动量比较小，身体比较弱，所以吃东西需要特别谨慎，甚至区别对待。我们食堂就特别注重老人的营养膳食，平时吃饭荤素搭配，五谷杂粮、鸡蛋牛奶营养均衡。为了老人饮食合理，我们特请老人荆汝俊担任老年乐园伙食委员会委员，提出他们的要求，并且对园内伙食进行监督。荆老是第一批进入金梦圆的老人之一，是位老党员，大家都信任他，他也能很好地把老人的心声传递上来，也能把我们的想法传递下去。

对于不同的老人，有时候也需要区别对待。比如卧床的老人，他们的咀嚼能力、消化系统都不太好，我们就专门开辟了一个小食堂，为他们“特供”一些比较软糯、易消化的食物。有些住院的老人，他们身体虚弱，需要更多的营养，我还特批给他们每天增加一支蜂王浆，蜂王浆从费用来说还是比较贵的，不过考虑到老人的经济能力，我特批这个不收费，由金梦圆来承担。我总觉得，但凡能够为老人多做一点力所能及的事情，就是对我的亲人养老尽孝。

金钱，在亲情面前，是排在其后的。

园里有回族的老奶奶，少数民族吃饭讲究，就按照他们的风俗习惯来，做一些他们特色的食物。有时候我到外边出差，看到当地特色的民族食品、零食之类的，也会买回来给老人尝个新鲜。

别看吃饭似乎是个小事情，以为做得可口营养，让他们吃就行了。那就想得有些简单了。我们经过多年的不断探索，最后才形成一个完美的制度。比如餐具卫生，我们园内每个老人都拥有自己的一套餐具，他们吃完饭之后，会有一个架子，每个架子上写着老人的名字，他们会把洗好、消毒完的餐具放在属于自己名下的架子上，每个人都很有责任心。另外，针对不同人的饭量，量餐而行。刚开始的时候，每个人差不多都是均量的，可后来发现不行，有些老人吃不了那么多，浪费粮食暂且不说，最怕的就是老人强迫自己吃完，吃得太撑了，老人的消化系统本来就不太好，这样更容易得肠胃病。所以，后来才严格执行量餐制度。

我们所做的每一个小小的决定，小小的改变，其实都是为老人的健康着想。他们在我们的心中，就是我们的亲人，我们的家人。

最后，说一说老人在园内的气氛。金梦圆老年乐园给老人营造的是一种快乐、舒适、和谐的氛围。

金梦圆的住房全部都是一层平房，不像其他养老院那样建成楼房。楼房虽然房间多，但是老人腿脚不方便，爬上爬下容易出现危险，这样老人就更不愿意出门了，哪怕园子里有再好的风景，对他们来说，也变成了可望而不可即的远景。我们园全部都是平房，当初的坑洼之地全部垫起来，设计成硬化小路，大片的小田园，种上花树、果树、蔬菜、绿植，老人出了房门就是美景，就连坐着轮椅的老人都可以一个人推着轮椅在园子里溜达，稍微起一点小风，他们又可以回自己的房间。美景使人忘却烦恼，美好的事物让人心情愉悦。

园内还有各种不同的娱乐设施，每个房间都有电视，关心国家大事的老人可以看看新闻，喜欢电视节目的可以看看节目，总之都以他们的需求为需求，我们不会强迫老人做任何他们不喜欢的事情。

古人讲孝顺，顺则为孝。孝顺老人就是随顺他们的心意。

园内还有其他设施，比如乒乓球室、保龄球室、健身房、阅览室、绘画室、书法室、棋牌室、门球场、多功能厅等，为老人提供一系列活动场所。老人本来活动量就小一些，如果没有这些设施，老人可能就不太爱运动；有了这些，大家伙一起玩儿，有些不爱玩儿的老人看到别人玩儿，也会不自觉地加入其中。我们的目的就是让老人多一些活动，老话说：户枢不蠹，流水不腐。生命在于运动，多一些活动，不仅能够锻炼身体机能，还能促进消化，对身体健康有好处。而且，活动多半都是两人或者多人配合一起玩，这样又促进了他们之间的沟通、联系。

老人最怕孤独，住进养老院的老人会有一种心灵上的失落感，会不自觉地觉得，自己是被抛弃的、家庭里多余的人。可有了这些活动，他们相互之间联系更加紧密了，会把身边的人当成自己的朋友、自己的伙伴，甚至自己的家人，就不会觉得孤单。

有些老人有自己的爱好，比如汪老，他是一位书法家，我们有了书法室，老人家就可以在书法室里写毛笔字。一个人专注于自己的爱好，心情愉悦。

当然了，也有区别对待的。比如园内有个老奶奶叫张丽荣，今年差不多快一百岁了。古语云：人生七十古来稀。人生百岁已经是非常罕见了。张奶奶在退休的时候开了一家幼儿园，教孩子们唱歌、弹琴，干不动了才到我们园里来的，已经在园里很多年了。张奶奶最喜欢弹琴，我们园为了丰富老人的生活，专门成立了金梦圆艺术团，把那些会吹拉弹唱的老人聚在一起，在一些节日给大家演出。张奶奶那架琴年头太长，坏了，我们园就专门给张奶奶买了一架电子琴。同张奶奶一个房间的还有另一位老奶奶，98 岁高龄，两人在一起住了近 10 年，关系很要好。两人也经常你弹琴，我唱歌，大家一起笑呵呵。大有一种俞伯牙、钟子期，互为知音好友的感觉。

能让他们开心，就是我们最开心的事情。

除此之外，园子里还有一些其他的活动，比如我们还办了一个“老年大学”，定期还会举行一个小考试，检验一下老人的学习成果。

我们开办老年大学意义非常，从大处来说，让老年人融入社会、融入时代、融入群体，使老人在科学、文明、健康的生活方式和学习环境中，提高生活质量，在构建社会主义和谐社会中，用自己新的视野、新的风范，积极参与社会，发挥自己的睿智和才能，展现人生的价值和新的生命力。园里的老人确实也是如此，他们学习之后，很多人都有所反馈，比如写一些心得体会。老人都是睿智的，他们写下的话，富含哲理，给人留下很多思考的空间。

从小处来说，八九十岁的老人，争胜心早就没有了，学习一些其他的知识可能并没有太多用得上的地方。我们的目的很简单，从心理学的角度来讲，如果老人无所事事，他们就容易胡思乱想，想得多了，得不到解惑，就容易钻牛角尖。这时候是最可怕的，极其容易做出一些极端的事情。老年大学就是为了转移老人的注意力，让他们的脑子不去想那些杂七杂八的事情，专心致志，就是为了开心。

另外，我们每年都会评一些各种各样的奖项。一来，让老人把这种快乐的心态、快乐的行为保持下去；二来，感染更多的老人，去学习、去发扬这种快乐的精神。奖项很多，争取给每个老人都能发一个奖，发个证书、奖品。其实，也不是什么贵重的东西，但是对于老人来说意义重大。在他们看来，他们每个人做的事情都得到了园里的认可，他们自己得到了重视，这是一种心理上的满足感。

再比如说，有些老人没有去过国家大剧院，很想去看看，或者没去过高级饭店，很想去尝尝鲜，类似这样的小要求，我们都会尽量满足。我们就组织过一些身体条件还可以的老人到国家大剧院去看舞台剧，去人民大会堂参观，去高级饭店享受一下那里的高级环境和服务。

对于老人，有时候我们会把他们当成自己的父亲、母亲、爷爷、奶奶那样去尊敬，去爱戴；有时候我们又会把他们当成小孩子一样，去呵护，去疼爱。

《论语》里有这么一段故事：

孔子的弟子子夏问孔子："老师，您以为什么才是真正的孝呢？"

孔子说："你以为亲力亲为，替老人做事情，有了食物先让老人吃，这就是孝吗？其实不是，真正的孝，那是一种态度，发自内心的，真心实意的，和颜悦色的态度。这才是最难的，也是最难做到的。"

金梦圆老年乐园就是要发自内心，真心实意，和颜悦色地对待老人，让老人快乐、开心。这是我们的宗旨，更是我们的使命。

☆为老人举办金婚典礼☆

金梦圆老年乐园建成之后，入住的老人越来越多，这对我们来说是义务，也是责任。老人越多，说明我们帮助了更多的老人，更多的家庭，我很欣慰。同时，我也觉得很有压力的。养老院不同于其他企业或者工厂，他们主要做产品，做技术，做业务；但养老院不一样，养老院里都是老人，对于他们，我们要付出的是自己的爱心，自己的热情，自己的真诚。我们得到的不是利益，而是他们的健康长寿，他们的快乐欢笑，他们的舒服舒心。只有老人健康、快乐、满意，我们才会高兴，才会宽心，才会有成就感。

那时候，我很多东西都不是很懂，都是跟顾问组的老同志们一起商议着来做；同时，多跟老人沟通，了解他们的需求，满足他们的需求。只要是老人需要的，就一定是必须做的。

后来我发现，金梦圆里有好几对老夫妻。记得有一天，一对老夫妻挽着手，相扶相携走在金梦圆的小路上。路边开着花，空气里散发着香气，夕阳挂在天边，照着两人的背影，红色的晚霞映在路上，两位老人就那般互相搀扶着，走啊，走啊，慢慢地，不疾不徐，时不时再互相看一眼，似乎在相互鼓励，也似乎在相互感激。

人一生当中，陪伴自己时间最长的，就是自己的老伴了。从两个人结婚开始，随着时间的流逝，随着柴米油盐的滋养，从两个人，两颗心，变成一个人，一颗心。不管你有多少坏毛病，小缺点，不管我平时有多少唠叨，多少数落，可两个人已经不能够再分开了。就如同书上说的那般：“把一块泥，捻一个你，塑一个我，将咱两个一齐打碎，用水调和；再捻一个你，再塑一个我。我泥中有你，你泥中有我；我与你生同一个衾，死同一个椁。”人生还有什么样的浪漫，能够比得上两个头发花白的老人，相扶相携，一起走在夕阳的余晖里，相视一笑，又慢慢前行的呢？

想到这里，我又在心里感激我的贺程浩，多谢贺程浩这么多年的陪伴，也曾经幻想，有那么一天，我跟贺程浩都老了，也在这里养老，一起走在夕阳下，看着金梦圆里熟悉的一花一木，一房一路，慢慢地走啊走，走啊走……

婚姻不易，且行且珍惜。

老夫妻这件事，让我灵机一动，想到了一个好主意。

园子里最开始住进来的大多数都是北京市委市政府离退休的老干部，这些老干部都是民国时候出生的老人，他们这一辈子参加抗日战争，赶走了日本帝国主义；参加了解放战争，解放了全中国；参与新中国的社会主义建设，后来再经历特殊年代等。这些老夫妻大都是在旧社会或者新中国刚刚成立的时候结婚的，几十年来，一起经历风风雨雨，一起度过大风大浪，时至今日，还能一起携手，这是真的太不容易了。

不是有那个说法吗？结婚 50 年为金婚，至高无上，是婚后的第二大庆典，代表了情如金坚，历久弥新。

那一年刚好是 1999 年，能够过 50 年金婚的老夫妻应该是 1949 年结婚的，也就是共和国成立那年，很有意义。细数一下，园里够得上金婚的老夫妻有十几对，所以，就在那年年底，我们为金梦圆里的金婚夫妇举办了一场金婚典礼。

婚姻虽然是人生大事，这些老人结婚的时候，限于当年的条件，还是挺简陋的，最多也就是弄一些响器，吹吹打打，坐坐花轿。更有些老革命，他们的婚姻都是经组织介绍、批准才结婚的。

改革开放以后，白色婚纱刚刚在国内流行，这些老人也都是在电视里见过，最多也就是儿孙结婚的时候见过。我当时的想法，就是也让老人感受一下最流行的西式婚礼，穿婚纱举行金婚典礼。

最有趣的就是穿婚纱那天早晨。

那个年月，还没有流行定做婚纱，都是从婚纱店里买的成衣。我们为每对老夫妻都买了婚纱。当老人看到婚纱的时候，她们的表情很有意思，有些人害羞，说：“哟，我们都是七老八十的老太婆了，还穿这些年轻人的衣服，看看，这胳膊都露出来啦，还有这前边，还是个大开叉……”

可看着她们虽然害羞，却还拿着衣服翻来翻去，嘴里不停地说笑着，其实每个人心里都是跃跃欲试的。哪个女人不想要一场浪漫又终生难忘的婚典呢？不仅仅是她们，还包括我，包括我们园里大部分的老人，每个人都没有赶上好年月，错过了一场浪漫又难忘的婚典，今天，这个机会就放在她们面前，她们怎么会不好好珍惜呢？还有那些已经没有了老伴的老人，那些不足金婚的老夫妻，没有不羡慕的，但更多的是祝福。老两口能够一起走 50 年，其中的艰辛和苦难实在是太多太多，太不容易了。

最后，老太太们还是在相互的帮助下，开始穿婚纱，她们的眼睛里闪烁着兴奋和幸福。她们都是七八十岁的老太婆了，身材都走形了，穿婚纱的时候，有些婚纱太瘦小，一不小心就给撑破了，大家就在那里笑啊笑，那些老爷子们看着自己的老伴儿，显得很不好意思，不过，他们并没有一丝一毫的苛责，而是眼睛里含着爱的目光，看着对方。不过，这点小问题当然难不住老太太们，她们当中巧手善织的大有人在，用针线将撑破的地方用棉布衬着，缝好，整装待发。

老爷子一个个穿着中山装，而没有选择传统的西装。中山装是有咱们民族特色的正式服装，老爷子一个个显得精神抖擞，那兴奋劲儿跟站在天安门广场上，聆听毛主席宣布中华人民共和国成立的时候一般。

在婚礼进行曲响起的那一刻，十几对老夫妻，手挽着手，缓缓地走在红毯上，往台上走去。

掌声、喝彩声，伴随着音乐，伴随着老人的脚步响起。

那一刻，所有人眼中都噙着泪，幸福的泪。

那一刻，所有人脸上都绽着笑，幸福的笑。

人生都过大半辈子了，还能办这么一场声势浩大又浪漫的婚礼，这是多么幸福的一件事，又是多么幸运的一件事。

人生至此，夫复何求？

老人沈丽作为金婚典礼的司仪，一句句说着老人的过往，一声声道着对老人的祝福，一直到典礼结束，开始“婚宴”。

人生这一路，真是太不容易了，一个人能够陪伴另一个人度过整整 50 年，18000 多天，真的是一件非常值得庆幸的事情，也非常值得纪念。

这次金婚典礼之后，我们又陆续办了几次。只是，最近这几年再也没有金婚的老爷子和老太太了。如果有，我们还会继续为老人举办金婚典礼，给他们留下浪漫又美好的记忆。

金婚难遇，但是生日每个人每年都会有。于是，我们每个月的 26 号，固定给这个月过生日的老人过一个集体生日会，摆上蛋糕，做一桌好饭菜，把所有的老人聚过来，给过生日的老人唱生日歌，过生日。

再后来，我们开展了更多的活动，比如组织老人玩儿弹球，有些老人都蹲不下，或者起不来，可他们还是玩儿得很开心，因为这让他们找回了童年的乐趣。

同时，我们也会请一些幼儿园或者小学、大学的学生，跟老人一起过节，一方面从小培养孩子们的孝心，另一方面让老人跟孩子们嬉戏、玩乐，他们会更开心。孩子们都对老人很好，老人也很喜欢他们来，每次分别都依依不舍。

比如五四青年节，我们会搞一个读书会，王蒙先生的作品比较受欢迎，我们就组织乐园的一些老人进行诗歌朗诵、阅读经典。还有就是传统的国庆节、元宵节、劳动节、端午节、重阳节等，每个节日都会组织一些活动。我们的节目也是花样百出，会吹拉弹唱的就让他们组成艺术团；会表演其他节目的就表演其他节目。

其实，我们做这一切，都是希望完成老人的愿望，让他们不留人生的遗憾，快乐健康地安度晚年。

☆金梦圆的党支部☆

对于我们这一代人来说，没有共产党，就没有新中国。我们是在党的领导下，推翻了三座大山，迈入新社会，过上幸福生活的。

所以，共产党是我们人生的路标，是我们航行的灯塔，是我们心中的信仰。

正是因为我们坚守了自己的信仰，我们才度过了那么多黑暗的日子，我们才经受住那么多痛苦的磨难，我们才抗得过那么多凄惨的风雨。所以，共产党是我们不可或缺的力量。

就在金梦圆老年乐园成立的时候，我们在石景山区委组织部的关怀和指导下，设立了金梦圆党支部。

从建园至今，近 20 年的阳光雨露里，党支部一直发挥着重要的作用。

我们党支部的第一任党支部书记，是薛胜华。薛老是我在城建集团的老同事，也是城建集团的党支部书记。他从 1992 年离休之后，就开始帮我，一直到现在年纪大了，就在园中养老。其实，薛老很早就接触老年事业了，比我早好些年。在养老事业上，薛老一直都是我的引路人和支持者。

薛老之前还在城建设计院做党委书记的时候，就已经认识了一批很想为老年事业做出一些贡献的人，其中就有《中国老年报》的创始人之一邱峰。邱峰还写过一本研究老年人心理的著作叫《老年心理学》。

《中国老年报》创刊于 1988 年，是国内最早关注老年人的媒体。他们的宗旨是：传老年之声，言老年之事，解老年之忧，做老年之友。所以，邱老和薛老这批人才是最先了解到中国老年人口问题的人，也是最早关注中国老龄化问题的人。1993 年中央电视台开播了《夕阳红》节目，后来的社会学家称，1993 年距中国进入人口老龄化社会尚有六年之遥。那么六年之后，也就是 1999 年，正好是我们金梦圆老年乐园建成的第二年，我们老年乐园的成立，可谓“正当其时”。《夕阳红》当时的节目主持人沈力，也是我园的好朋友，她经常到我园来慰问老人，给老人带来温暖。

《夕阳红》栏目曾经多次采访邱老，想请邱老主持成立一个“离退休老年人互助城”。其目的，就是希望老年人离退休之后，不是消极地度过晚年，而是积极地发挥余热，互帮互助，快乐养老。邱老就找到薛老，把自己的想法告诉薛老，希望薛老能够做一个设想，拟一份建议书。薛老写了一个《老年离退休老人的建议书》，在建议书中规划并设计了“离退休老年人互助城”的蓝本。薛老的设想是：我们社会主义中国应该发挥社会主义的优越性，建立一座具有国际水平的老年互助城，让离退休老人仍然有发挥余热的机会，并且能够老有所乐、老有所依、老有所为。这份建议书被上级采纳，最终却因资金不到位而夭折。

后来，我跟薛老说我想建立养老院，薛老就非常支持我。金梦圆老年乐园建成的时候，他老人家本想着重任终于完成，可以回家含饴弄孙，享受儿孙绕膝之乐了，我却又把薛老拉来，说金梦圆不能少一个党支部，而党支部就少不了他。金梦圆是我的梦想，也是薛老的梦想，它倾注了我们太多的心血和感情，我们都希望它能够长久地存在，为全国的老人养老，直到天下老人终有所养的那一天。

薛老明白我的心意，他也明白金梦圆对他的意义，对全国老人的意义，所以才义不容辞地担任了金梦圆党支部的第一任书记。

金梦圆老年乐园老干部多，党员也多。在党支部的领导下，我们还发展了五六个党员。其中，让我印象最深的就是汪从云汪老。

2009 年是中国共产党成立 89 周年纪念日，我园党支部为庆祝中国共产党成立 89 周年举行了庆典。在庆典上，汪老宣誓入党，成为一名光荣的中国共产党党员，当时汪老已经 83 岁高龄。园内的领导、党支部成员以及园内的老人共同见证了汪老的入党仪式。汪老入我园之后，各项活动都非常积极主动，办黑板报、歌颂党、歌颂社会主义，帮助其他老人提高思想觉悟，早已经是一名合格的预备党员。此次入党，也实现了他多年的心愿。当党支部书记为汪老佩戴上党徽的那一刻，汪老特别激动，高举双手，振臂高呼："中国共产党万岁！"并且双手递交了第一个月的党费。入党后，汪老在思想和行动上更加积极，按时缴纳党费，严格执行党的决议，做任何事情都以党的利益为出发点。

金梦圆老年乐园党支部会按时向上级党组织汇报，并与其他单位的党支部进行交流、沟通。中央党校的学员也常到我园来，跟老人一起欢度国庆节、重阳节等节日，汪老曾倾情献笔，写下："忠实于伟大的祖国永不变心。"首汽友联党支部也到过我园，跟老人同庆党的生日，为老人表演节目。

类似这样的"联谊"活动，金梦圆老年乐园经常举办，既丰富了老人的文娱活动，又满足了老人的精神追求。

☆金梦圆的海军医院门诊部和医养结合☆

养老院通常都是跟医院结合在一起的，因为老年人的身体条件相对来说比较弱，而且老年人的身体情况变化太快，每时每刻都需要医生待命一旁，时刻注意和警惕突发事件。金梦圆老年乐园从建园之初就跟中国人民解放军海军总医院签署了医疗合作协议，海军总医院一直为我园老人提供医疗保障。

金梦圆老年乐园跟海军总医院的“情缘”可是情深意长呢。

1998 年我带领自己的团队考察了石景山的地址之后，决定在此营建金梦圆老年乐园。我当时就想，要做就大手笔地做，不要小家子气。老人看病养病是一项大问题，我们决不允许在这方面出现哪怕一丁点儿的小差错。正因如此，我们决定，拉一家医院“入伙”。选来选去，我们看中了中国人民解放军海军总医院。

海军总医院是 1954 年周总理亲自批准组建的，几十年的艰苦创业和不懈奋斗，他们拥有了强大的医师团队、先进的医疗器械和崇高的院风院训，以“至精、至诚、至爱、至和”为院训，以“面向海洋、面向官兵、面向患者、医德高尚、医术精湛、医风和谐”为院风，是一所集医疗、保健、教学、科研、预防于一体的三甲医院。

我们选择海军总医院，有几个原因：第一他们医院的医疗条件等硬件设施比较过硬；第二我们养老院跟它距离也不算远，开车半个小时的路程；第三他们在护理、保健、教学等方面，可以为我们养老院培养一支专业的护工团队。

我们这家养老院毕竟是全国第一家，很多事情我们也不懂，都是摸着石头过河。所谓专业的事情必须交给专业的人来做。培养一支专业的护工团队是养老院的重中之重，基础中的基础，必须要重视起来。

老年乐园的施工管理指挥不是我们公司做的，而是跟海军总医院联合做的。

当时，我跟海军总医院的院长表达了我的想法，就是要高度重视金梦圆的医疗门诊，对老人的健康绝对不能小视。海军总医院的杨院长、钱院长、徐院长等领导确实在金梦圆的医疗建设方面下了很大的功夫，在设计金梦圆的时候，就已经把门诊部的位置和规模设计了出来，他们也把金梦圆老年乐园当成海军总医院的一个分院来对待，还给我们安排了最好的医生和护士到我们园里。

金梦圆老年乐园成立之后，我们用了很多海军总医院的军医和护士。最开始，我们还没有完整的护理团队，全凭海军总医院的护士才撑起了一片天。紧接着，我们就开始用他们护士的专业护理知识和医生的医学常识培养属于自己的护理团队。

一直到今天，我们跟海军总医院还保持着亲密的合作关系，海军总医院也一如既往地为我园中老人的健康奉献力量。我们还申请了“中国人民解放军海军总医院驻老年乐园医保定点单位”，这样老人看病就可以用医保，更省钱，更便捷。

之后，石景山卫生局跟石景山社保局为我们金梦圆办了一个小型的一级医院，我们也拥有北京市人力资源和社会保障局颁发的北京市基本医疗保险定点医疗机构的牌照，在一级医院，老人可以刷医保卡看病，更大层面上保证了老人的就医问题。

我们这里的医生和护士都具有很强的专业水平，哪怕一个小护士，也能应对老人的突发情况。比如心脑血管类突发性疾病，他们可以从容应对，并且快速送往医院进行救治，大大降低老人突发病症的危险。

北京金梦圆老年乐园第一任园长吴新生是一名心血管病专家，常务副院长顾院长是骨科专家，常务副院长聂院长也是一名优秀的医生。金梦圆医务室主任李惠芝，提前退休，到这里工作，为老人服务。我们的杨副院长还兼着护士长的职务，她本人就是一名业务熟练的专业护士。另外，我们园内医务室的医生每天都会为园内老人进行两次例行巡诊，降低一些突发疾病发生的概率。

谈养老永远离不开的一个话题就是：“医养结合”。什么是医养结合呢？专家给出的专业答案如下：

“医养结合”就是指医疗资源与养老资源相结合，实现社会资源利用的最大化。其中，“医”包括医疗康复保健服务，具体有医疗服务、健康咨询服务、健康检查服务、疾病诊治和护理服务、大病康复服务以及临终关怀服务等；“养”包括生活照护服务、精神心理服务、文化活动服务。“医养结合”是利用“医养一体化”的发展模式，集医疗、康复、养生、养老等于一体，把老年人健康医疗服务放在首要位置，将养老机构和医院的功能相结合，把生活照料和康复关怀融为一体的新型模式。

金梦圆老年乐园从1998年建园之初就已经开始实行医养结合的模式了。

从“医”这方面来看，医疗服务自不必说，我们跟海军总医院签署了医疗合作协议，又有一座小型的一级医院，园内还有金梦圆医务室。有专业医师随时坐诊，帮助老人解答各种健康问题，并且会有专科医生给老人讲解常见病、突发病症等应对、自救办法。至于体检，每位老人入园之前，都会有专业的医生、护士、治疗师、营养师等为老人提供全面且系统的身心状况检查和评测，包括健康营养、社交心理、功能状况、疾病诊断等各个方面，并且把这些评测与日常生活相结合，做到无病预防、有病早治。我们还有一支专业又敬业的护理团队，全面地为老人服务。这么多年来为老人做护理，如给老人擦洗身体，照顾日常起居等工作，连我都已经熟门熟路，更别说我们专业的护理团队了，他们对老人特别有耐心，特别细心。

从“养”这方面来说，我们也做得非常不错。生活服务方面，包括老人的饮食、医疗、个人卫生护理、卧室清洁、洗澡、修剪指甲、理发、衣物消毒、大小便处理、急诊送医、陪伴复诊、扶抱照顾等，涉及老人生活的方方面面、角角落落，可谓无微不至。精神心理服务和文化活动服务方面，从上文讲的那些可以看出，我们真是费尽了心思。我们为老人提供专业的心理辅导与健康咨询，给予老人优美和谐的环境，提供健身娱乐设施，带老人出游，组织多种多样精彩的活动，满足老人的爱好，为老人评奖，开办学习课堂，等等。只要我们能够想到的，我们都会考察一番是否适合给老人开展；只要我们从别处学习来的，我们也都会调整一番，用在老人这里；只要是从老人那里反馈上来的意见或建议，我们也都会尽量满足老人的要求。

虽然我们金梦圆的医疗条件很好，但还是要“医养结合，以养为主”。不管怎么说，我们都不希望老人生病。一旦生病，痛苦的是他们，费心的是我们，担心的是所有老人，忧心的是老人的家属。我们最希望的就是，营造一个轻松舒适的好环境，让老人身心愉悦，尽可能少生病、不生病，万一有个小病小恙，我们会安排最好的医院、最好的医师给老人治病，之后会安排最好的护工帮老人康复。生病不可怕，可怕的是病人与医生不配合，耽误了最佳治疗时间，或者病人内心郁结，不给自己一个希望。

我记得我们园有个老奶奶，老人生活非常不幸，年轻的时候随军南下，嫁到了湖北，还曾在湖北大学担任教授，是一位非常有学问、值得尊敬的老人。后来老伴去世，她又找了一个老伴也不幸离世。之后，大儿子带她到北京，住进了我们老年乐园。老人身体很不好，心脑血管疾病非常严重，经常犯病。由于她是外地户口，只能到十里台医院看病就医，因为在那里看病可以回老家报销。有一次她犯病，病得特别厉害，卧床不能动，又大小便失禁。出院后，我们护理部主任把她转移到东院高档房间，那里有更全面的照顾，更细致的护理，医生也离得近，随叫随到。不过，老人出院后不到一个礼拜就离世了。原因一是老人不愿配合治疗，她总是扯输液管，还趁护工照顾别人的时候，拽倒氧气瓶砸自己；二是老人心里没有了希望。俗话说，哀莫大于心死。

这是我们最不愿意看到的，因为在这里的每一位老人，我们都是当作家人看待的。

家人罹难，悲痛莫名。

园内有老人专门写诗来说我们园内的关系：

金梦圆里互共往，

关怀友爱如亲长。
老人护工同配合，
和谐美好身体康。

金梦圆里互共往，
友爱关注如同乡。
长者护工同配合，
和谐院舍心敞亮。

☆老人的临终照顾和关怀☆

既然做了养老事业，那就要做一行，爱一行，钻研一行。我必须让自己了解和研究关于老人以及养老事业的一切，其中有一项特别重要，就是老人的临终关怀。

我查阅过很多相关的资料，阅读了很多这方面的书籍，有机会还会参加临终关怀的讲座，甚至到临终关怀机构学习考察。我很明白，临终关怀是社会文明发展的必然产物。

不过，说实话，现在国内的人并不太清楚临终关怀是什么意思。大多数老人临终前都在医院里，有的明明已经停止了心跳，还要进行救治，电击或者心脏复苏；更有甚者，连心脏那块的骨骼都给压骨折了，就是想让老人再多呼吸一口气，多看一眼这个世界。仿佛如果不去拼命抢救，子女就是不孝，医生就是不尽职。完全没有考虑老人的想法，老人是否非常痛苦。在那个时候，总能感觉到生命的脆弱、生命的无奈、生命的可怜。

当然，也是有人懂这个的，我们园里就有这样的家属。老人在园里住了好多年了，在最后的几个月，明显地身体已经撑不住了。老人的子女来到老年乐园，他们本身就是医生，很明白自己父母的身体状态，即使是救治也是无力回天的，而且会让老人受到更大的痛苦。人在生命最后的时候，完全不能够自己做主了，就像一个玩具一样，被别人搬来搬去，放在手术台、放在病床、插管子、喂流食……这时候的人是完全没有体面和尊严的。老人的子女很清楚这些，他们也很明白自己的父母是怎样的人，都是知识分子，也都是思想开明之士。老人的子女就跟老年乐园的领导说："我们是医生，对于父亲的身体，我们都很清楚。如果还有哪怕一丝一毫的希望，我们都会拼尽全力去救治。可作为医生，我们能够看得很清楚，人的生命都是有限的。老人也是知识分子，也明白生命的起源，生命的终止，这是自然规律。人再怎么着，也不可能违背生死规律。我们知道咱们金梦圆护理团队特别优秀，服务也特别周到，我父亲临终的这段时间，就在这里吧。我们会每天都到这里来，陪伴父亲最后一段旅程。"

老人家属的吩咐，我们自然会格外重视。我们园有专门的疗养区，这里都是病后需要疗养的老人。疗养区有专门的医生和护士，24 小时不间断护理。针对不同情况的老人，还会有专门的服务。比如有些老人瘫卧在床，我们的护理人员每隔一定时间就会给老人翻身，这项服务叫扶抱照顾，绝对不会把老人当成一个物件那般随意摆弄，而是小心翼翼地，当作自己的亲人，耐心地给老人调整到一个最舒服的状态。比如有些老人觉得无聊，想找个人说说话，老人若是想跟园中其他老人说话，我们会连同陪同老人一起，跟老人聊一聊，老人想聊什么就陪他们聊什么，多半都是宽慰的话，有时候还会给老人讲一些笑话，让老人开开心心的，不会那么抑郁。有些老人喜欢看电视，我们就给老人调整到最佳的位置、最舒服的姿势，播放老人最喜欢看的节目，照顾老人看电视。老人喜欢看书，我们就给老人找来最喜欢看的书，放在床头。不过，所有活动尽量都有一个时间限制，免得时间久了身体乏累。疗养，以养为主。医学都讲，睡眠是人身体自我修复的最佳方式。所以，我们都会有所控制。饮食方面，疗养区有专门的小食堂，针对老人不同的身体状况，给他们精心烹调营养膳食，基本都以少油少盐、软糯易消化为主。有时候吃粥怕营养跟不上，我们也会适当地做一些肉糜粥，尽可能地补充营养。不过疗养中的老人有时候食欲不高，吃得很少，或者要少食多餐，我们的小食堂就保证时时刻刻都有营养、新鲜的食物。并且在疗养中的老人，我还给他们每人每天一支蜂王浆，绝对保证他们的身体营养。

临终关怀的老人会比疗养老人受到更多的关注和关怀。老人可能都说不了话了，可从他们的眼神里，还是可以看出他们想要什么。园里每个老人平时都有什么爱好，我们的护工都会记得。老人喜欢园中的花花草草，我们就会用轮椅推着老人到园中看看风景，摘几朵老人平常最喜欢的花，放在老人怀里。能够看到老人眼中的笑意，就是我们护工最开心的时候。老人喜欢读书，护工就坐在老人身旁，给他念书。老人累了，护工就在旁边照顾他入睡。

我们的护工团队照顾老人有三大法宝：温暖的笑容，随顺老人心意，勤快的手脚。

我们要把真心诚意、温暖人心的笑容挂在脸上，让老人看到我们的笑容，他们会觉得暖暖的，更愿意跟我们亲近，也能让我们自己的内心平静温暖。

一个人的笑容可以感染另一个人。

一个人的温暖可以温暖另一个人。

孝顺，讲究的就是一个“顺”字，要把老人的心意放在第一位。“老还小”嘛，老人有时候就像一个小孩子。小孩子做任何事情都是没有错的，老人也同样。其实，老人做一件事情，不外乎两个原因：一是让自己开心；二是引起别人的关注。

既然老人在做让自己开心的事，为什么不让老人做呢？如果老人做一件事是为了引起别人的关注，那说明我们的服务不到位，让老人觉得自己受到了冷落。由此来看，老人希望别人随顺他的心意给他做一件事，只有一个原因，就是为了开心。所以，我们一定会去随顺老人的心意，让老人一直开心下去。

老人的突发事件比较多，有些老人大小便失禁，他们有的人又不好意思说，我们的护工非常专业，一来，他们会定时给大小便失禁的老人更换干净的内衣裤或者纸尿片；二来，他们已经可以从一些“蛛丝马迹”断定哪位老人需要更换。护工们眼中全是老人的需求，只要他们一句话，甚至一个眼神、一个想法，护工都会尽快帮老人完成，让他们“坐享其成”。

在这支专业的护工团队的精心护理下，临终老人的日常生活绝对不会出现半点纰漏。

从心灵上来讲。金梦圆老年乐园在八大处的山脚下，山上有八所千年古刹，驻寺的又有很多得道高僧。偶尔我也会请山上的老僧人到园中来。我的目的并不是为了宣讲佛法，只是希望老法师能够用恬淡、静谧的语言，睿智、通达的思想，帮助老人走出生命的桎梏，看破生命的迷茫，能够得到一颗安宁的内心，可以在生命的最后时刻从容面对。

那位老人最终离世的时候，他的家人在旁边，老人躺在床上，安安静静地闭着眼睛，神态安详，没有一丝一毫的痛苦，真的就像睡着了一样。也许，老人真的在另一个世界睁开了眼睛，那是一个色彩斑斓，没有痛苦和疾病的极乐世界。

老人的亲属最后还是流泪了，毕竟他们的父亲离开了。但是他们心里还是很感激我们的，因为他们的父亲在最后的时刻没有痛苦，而是很有尊严、很安详地闭上了眼睛。

不管多么繁华的世界，不管多么嘈杂的声音，在临终的时候，看到的还是一片黑暗，听到的还是一片宁静。这也是老人临终前最希望看到和听到的吧！

愿他们的灵魂安息！

☆关爱员工，也是关爱金梦圆的老人☆

金梦圆老年乐园挑选员工是很严格的，尤其是护工，因为护工是服务老人的一线职工。我们园里的老人常说，护工才是园里最可爱的人。

金梦圆老年乐园在招收护工的时候，条件是最为严格的，第一条要求就是人品必须要好。因为护理技术是可以培养学习的，但是人品是天生的。

我跟我们园人事部讲过："关于人品，首先一个就是必须热情。老人是一个比较特殊的群体，他们的内心都是比较敏感的。咱们招收护工，最主要的工作就是照顾老人。园里的鲜花和美景，那是静物，映现在人的心中，美丑自知。但是人心的冷暖，不必说话，老人只要一靠近，就能觉察出来。我们是要给老人一个安乐窝，一个舒心的环境，一个温馨的家。如果你不够热情，老人看见就觉得怕得慌、堵得慌，他们怎么可能有一个好心情呢？你们说是不是这个理？”

对于我的这个看法，大家都是比较认同的，而且，他们也都按照这个标准来执行。

关于人品的第二条要求就是勤快。我自己经常待在金梦圆里，跟老人在一起，对于老人的各种需求是非常清楚的，园中的老人都是比较自由的，这种自由也就使得老人的兴趣爱好比较多，如去阅览室或书法室读读书、看看报、练练字，寻找自己的爱好。园里又没有偏僻的地方，到处都有监控或者警报设备，谁要是发生一点意外，如摔跤或者磕碰，随时都会被发现，得到及时救治。那些生病的老人还有病后恢复护理的老人，就需要全方位的24小时不间断护理了。如果没有一个勤快的护工，老人的诉求得不到满足，老人的吃、喝、拉、撒、睡得不到专人的照顾，那么“老年乐园”这四个字就是一句空话了。

看着园中这些勤快的护工，能够照顾好老人的方方面面，是我最欣慰的地方。

除此之外，还需要护工有耐心。我在护工培训的时候常常讲道：“没有耐心，没有关爱，就不会让老人觉得无微不至。没有温度的照顾，岂不是与木偶无异？”

可以说，照顾老人是一项挺辛苦的工作，但是我觉得为了他们能够安度晚年，无论做什么都是值得的。我们的员工每一个人都具备这样的品质，都有跟我一样的想法。要不然，他们也不会一直信任我，跟着我，从事养老事业。金梦圆的员工有好多都跟了我十几年，毫不客气地说，他们才是我们园的大功臣。

招收护工的第三条要求是必须身体健康。老人的身体是比较脆弱的，如果员工身体虚弱的话，又怎么能照顾得了老人呢？新员工入园的第一件事，是要做一个全面的体检，哪怕有一丁点儿不合格，我们都必须“铁面无情”地拒绝。有些时候，无情反倒是有情。

招收护工的第四条要求是专业知识和能力必须过硬。建园之初，没办法找到更多专业的护理人员，我们就用海军总医院以及他们安排在我们园里的护士和医生培养专门的护理人员。从基本的护理程序开始，评估、诊断、计划、实施、评价等各个步骤都要学习。如果你觉得护理就是照顾老人的日常生活，是很简单的工作，那你就大错特错了。这里可是有大学问的，单是一个常用的卧位就分 11 种：去枕仰卧位、中凹卧位、屈膝仰卧位、侧膝位、半坐卧位、端坐位、俯卧位、头低足高位、头高足低位、膝胸卧位、截石位。不同情况的老人需要不同的卧位，这都是经过科学临床验证的。

为了维持一种让老人感到舒适安定，利于其机体新陈代谢的温度，护理人员就必须时刻注意调整室内温度。冬天老人怕冷，我们园内的暖气都是从 11 月 15 日开始供暖，到次年 4 月停止供暖，比北京市的普遍供暖时间长了近一个月。室内温度基本上维持在

20℃左右。夏天有空调，但是空调的温度以24℃为宜。如果温度过高，容易让老人感到疲惫、精神不振；温度过低，老人容易着凉、感冒。还要保证室内空气流通，免得缺氧。北京的天气干燥，尤其是秋冬季节，所以会放置加湿器为空气加湿。护理人员每天都要检查室内的温、湿度计，调整好室内环境。

研究表明，40分贝以下的环境对老人来说是最为合适的，因为老人喜欢清静。金梦圆老年乐园就不用说了，园内80%的绿化，听到最多的就是鸟语，还有就是老人的欢声笑语和张老的弹琴声。笑声和天籁，能给人带来愉悦。

早晨，护工会照顾老人起床，起床也是有一定注意事项的，比如醒来之后不要急于起床，而是要静卧10分钟再慢慢起床，伸展伸展四肢，活动活动关节，揉一揉脸，让自己的身体进一步“清醒”过来。如果起得太过着急，很有可能造成头晕或者诱发心脏病。

还有老人如何洗脸、刷牙、漱口等，我们都会结合一定的专业护理知识对老人进行指导。给老人理发、定期为他们修剪指甲、为他们洗衣服消毒，这些都需要护工耐心地一点点地来做，而且很多事情看似是小事，如果没有专业知识，是做不好的。小事做不好就有可能变成大事。

后来社会上护理学校、护士学校逐渐增多，我们也开始招收一些专门的护理学校毕业的学生。不过，学生刚来，毕竟学习的大多都是理论知识，跟实际上手还是有区别的。老员工带新员工，教他们最实用的方法。新员工有时候也会给老员工讲解一些课本上的理论。这就是理论联系实际，共同进步。

园内还会定期组织护理人员进行专业的护理技术知识培训，也会总结一下平常生活中的经验教训，想办法攻克一些偶尔遇到过的难题。

我选择了这么多优秀的、专业的、称职的员工，我就相当于是他们的家长。对于这群最可爱的人，我也是很关爱的，关爱我的员工也是对老人的关爱。

平常员工要是有什么为难的事情，我能帮得上的都会帮他们解决，帮不上的也会尽量想办法帮忙。

记得之前园内有个护工，她的工作做得特别好，老人特别喜欢她。后来，她想考大学。考大学是好事，我一直非常鼓励大家上学。没能上一所好的学校，也一直是我内心的遗憾，我在后来的工作当中也一直没有忘记我的大学梦，陆陆续续学了很多东西，比如在北京市财会学校学了会计，又读了函授的汉语言和逻辑学，拿到了大专毕业证。再后来，又在清华大学上了 3 年管理学的研究生。我听到她说想考大学，就非常支持她，她还真的考上了。她拿到毕业证的那天，我们开了一个小型的庆祝会，我又给了她一些奖励，虽然不多，但也代表了我的一点点心意。

如果是某位员工的家属出了什么问题，比如生病之类的，我都会出一些钱，帮助他们。在我眼里，这些员工都像我的孩子一样，我喜欢他们，关心他们。他们的家人有难处，就跟我自己的家人有难处是一样的，我不帮他们谁帮他们呢？

还有一批从护理学校招来的毕业生，都是20多岁的孩子，之前园里的年轻人不算很多，他们的到来给老年乐园增添了很多生气。别看他们都是年轻人，护理老人特别细心，对待爷爷奶奶们也非常热情。他们都是江西来北京上学的，在园里吃不惯北方的面条、馒头，我们就专门开炉给他们蒸米饭。想留下这些孩子们不容易啊，年纪轻轻的，外边又是花花世界，所以时不时我会给他们一些额外的奖励，给他们买新服、做新工作服等。

另外，我们还给护工办过一次婚礼。这两个人都是园里的护工，他们都是外地人，在北京也没有太多亲戚朋友，领了证也没有回家办婚礼。我听说之后，就找了婚庆公司，租婚纱、放音乐、布置婚礼现场，装扮新郎、新娘，给他们办了一场像模像样的婚礼。就像当年给园里老人办金婚典礼一样，我们的员工也是我们关心的对象。全院的老人一起给他们祝福，一起陪他们办婚事，老人就是他们的亲人。所以那次婚礼之后，小两口非常感激。

我不仅希望我们园里的老人健康快乐，我也希望我们园里所有的员工都幸福美满。

祝福我们，祝福我们的家人长长久久。

☆投入五千万元，我为什么无怨无悔☆

为了建金梦圆老年乐园，一开始我就投入了5300多万元。这可是1998年的5300多万元，放在现在想必就是五个亿吧！如果我用这钱投资那亩地，差不多可以建一个小区了。一个小区的房子，能够卖多少钱？而金梦圆老年乐园又赚了多少钱呢？老年乐园这么多年来一直在花钱，十几年来一直都在亏损，靠着房地产公司的那点老底在填坑。

但是，你要问我，这么多年来，投入这么多金钱，耗费了这么多精力，花费了这么多心血，到底后不后悔当初的决定？我会毫不犹豫地说，建立金梦圆老年乐园，我无怨无悔。如果上天给我一次重来的机会，我仍然会选择建立金梦圆老年乐园。

建立金梦圆老年乐园这18年来，我和我的团队虽然筚路蓝缕，辛苦万分，一路坎坷，挫折无数，凄风苦雨，经历千辛，但是也受到了很多领导的支持，受到了更多社会的关注，有我们团队的奋斗，有我们员工的努力，最终我们收获了更多老人的笑容，我就觉得非常值得。

从我有想法建立金梦圆老年乐园开始，就有老领导站在我的身后支持我，很多人都用行动帮助我，圆我这个梦。我们一起组成顾问组，成立敬老联谊会，经历种种，整合资源，最终将一片曾经荒芜的废地，变成如今老人的乐园。金梦圆老年乐园建成之后，受到社会和政府的不断关注，市委市政府给我们举办开业庆典，我们老年乐园还上了中央电视台《新闻联播》。

再后来，外交部在我们园设立“外交部离退休干部局养老定点单位”、民政部也在我们园成立“民政部离退休干部局养老定点单位”、中央机关也在我们园成立“中央国家机关离退休老干部局联络处”等。之后的 18 年里，民政部、国家老龄委办公室、中国红十字会、妇联、部委老干部局、北京市建委、石景山区委、石景山民政局、中央党校、国管局、中国老年基金会、中国国际养老院等的各个级别的领导都曾多次到我们园，支持我们的养老事业，慰问我们这里的老人，给我和我的团队带来莫大的鼓励和支持，给我们园和园中的老人，带来莫大的宽慰和温暖。

每次领导来慰问，我们的老人也都很高兴，老人也会回馈一些精彩的节目。别看爷爷奶奶年龄都很大了，有些都将近100岁了，可我们的演出水平还是很高的，比如歌曲《莫斯科郊外的晚上》《山楂树》《纺织姑娘》《月光曲》等，还有我们编排的小品、我们自己编写的歌唱养老八大员歌曲、独幕话剧等，也都广受好评。

领导的支持说明我们这件事做对了，对国家、对社会、对老人是有贡献的。我们得到了认可，我们的事业得到了认可，我们的老人得到了认可。这是我的荣幸，亦是我的骄傲。

金梦圆老年乐园成立18年来，我们受到了社会各界的关注和大力支持，从上到下，从团体到个人，不一而足。他们不仅为老人带来了一些生活上的慰问品，还给予了老人生活上的照顾，更为老人带来了精神上的慰藉。

《夕阳红》栏目是我国最早也是至今唯一的老年栏目，他们以所有老人以及老人相关的事情为服务对象。我们园成立之后，《夕阳红》栏目组就来采访我们，之后我们成了合作伙伴。他们栏目组著名的节目主持人沈力、黄薇、张悦，都经常到我们园来，有些时候是为了工作而来，有些时候是私下过来的，就是为了跟园里的老人多联系联系，怕老人孤单，给老人讲讲电视台里的事情和社会上的事情。他们的节目为什么能够做得那么好，那么打动人心，就是跟他们这种与老人心连心的作风息息相关。

金梦圆老年乐园还成立了“中央电视台夕阳红快乐老人游北京定点单位”。每年都有很多来自全国各地的社会旅游团来到我们园，跟老人交流、互动。我记得有一年的劳动节，来了一个200多人的旅游团，和我们交流互动。这样的项目我们很欢迎。

我们的老年乐园不是一个封闭的园子，把老人圈在里边，远离社会，看不到世界的繁华，听不到人群的喧嚣。我们的老年乐园拥有一份“结庐在人境，而无车马喧”的静谧，又有一份“开门见世界，谈笑通有无”的热闹。在这样的环境里，老人既可以享受一份安宁，又可以得到一份活跃。这才是一种最佳的状态，老人才不会觉得自己是被世界抛弃的多余人，他们会感觉到自己是被社会关注的，被世人关心的。

我们园还成立了“石景山区中小学生社会实践教育基地”“青春辉映夕阳红敬老志愿者服务基地”。为此，我园接待过多所学校学生以及幼儿园的小朋友，进行敬老活动。比如枫叶幼儿园、礼士路二小、人大附中、北方工业大学等学校，都是我们的常客。孩子们为老人带来欢声笑语，让老人不觉得寂寞，也从小培养孩子们孝敬老人的美德。大学生也常常到我们园当义工，给老人送温暖、送慰问品、表演节目、帮助老人清理卫生等。

类似这样的社会关注活动还有好多，比如手拉手艺术团走进金梦圆，给老人表演节目，非常精彩，让老人乐开了怀，我们园的老年艺术团都跃跃欲试，想跟人家比试比试，大家都很高兴，距离也拉得很近。

比如华龄出版社到我园给老人赠书，园里的老人大多都是知识分子，送书活动增强了我园的文化气氛。有时候我们也搞一些诗词朗诵会或者读书征文活动。老人参与感很强烈，都能写出很有哲理的诗词文章，为我园的老年人文化增添了不少底蕴。

比如首都的士爱心车队、北方共产党员阳光车队、北方的士、书画社的司机逢年过节都会到我园看望老人，他们给老人带来他们的书画作品，给老人讲述他们在工作中遇到的有趣见闻。每一次他们的到来，老人都欢心无比，每一次他们离开，老人都依依不舍。

比如著名影视演员斯琴高娃，时常给园里通电话，关心园中老人的状况，抑或时常到园中来，跟老人进行面对面的交流。斯琴高娃非常和善亲民，与老人在一起，就像与自己的长辈在一起一般，完全没有一丁点儿大明星的架子，就是一个晚辈在聆听长辈的教诲，或者给长辈讲述自己的故事。著名表演艺术家于兰、凌元等人，也常常到园中跟老人聊天。可惜的是凌元老师前几年过世了，园中老人闻言，无不唏嘘落泪。

比如北京军区某部官兵是我园的好伙伴，他们经常到我园来，帮助老人做事，照顾老人，有时候还会准备一些节目，开一些简单的讲座。八大处的消防官兵也到我园给老人、员工讲解消防知识，提高老人的防患意识。

我园还接待了很多来自国外的客人，比如韩国、以色列、美国、比利时、挪威等国的客人都曾到我园考察、参观。这些人跟我们国籍虽然不同，语言虽然不通，但是心与心没有界限，爱与爱没有阻拦。不管来自世界的哪里，老人都能从别人的关心里得到温暖，得到爱，我们也能从老人那里，得到关怀，得到感情。

以上列举仅仅是我园交流、接待的一小部分。我园平均每周要有两次对外接待工作，包括学习交流或者考察参观。我园也是社会的一部分，来自社会的关怀，让我们感受到社会的温暖、社会的爱。我们很感激来自社会各界的关怀，我也代表老人，感谢来自社会各界的关心。

我们也不全是只接受馈赠，而不付出回报。社会上有用得着我们的地方，我们也会积极地伸出援助之手帮助大家。我记得有一年有一对老年夫妻骑自行车全国旅游，路过北京的时候，我们负责接待，一切吃住全部免费。

我虽然是金梦圆老年乐园的董事长，但是我从来没有把自己当作一个领导去看待，在老人那里，他们也从来没有把我当成领导，有时候把我当成他们的女儿，有时候我又是他们的家长。我们之间的感情更像是血脉相连的亲情。

我记得有一年夏天北京发大水，公路都被雨水淹没了，水漫到了园里，石景山八大处消防支队赶来园子里，用水泵抽水，副院长、员工等都到现场去排水，有些人光着膀子在泥水里往外掏下水道的堵塞物。

看着他们在水里奋战，我也很着急，我可不愿意让水冲到屋子里来，影响了老人的生活。我一着急，就准备去帮忙。这时候，七八个老人围着我，非要我坐下来跟他们说话，他们七嘴八舌地说："刘总，来来来，你都好久没有过来了，跟我们讲讲最近又忙什么呢？一定要照顾好你的身体呀，我怎么觉得你最近瘦了一些？”

“就是就是，刘总最近是不是经常熬夜啊？哎呀，什么事情能比自己的身体更重要呢？你下次再这么拼命工作，可要想想咱们金梦圆里有几百个老人都在为你操心呢！”

“刘总刘总，你不用担心，这里很快就能做完，水是不会漫过来的。”

……

他们拉着我，跟我说话是假，其实是不想让我到外边去帮忙，怕我出去发生意外，他们这样做是为了保护我。想想也是，我也是六七十岁的老人了。我看到了，门口还堵着五六个老人呢，他们的身体是那么的瘦弱，有些人都佝偻着身躯，可在那一刻，我觉得他们是那么的高大，那么的伟岸，就像一个个巨人一样。因为，在那一刻，我觉得我身边的老人都是我的父亲、母亲，他们虽然年迈、瘦弱了，可他们为了自己的儿女，竟是那么的坚强，给予我前所未有的安全感。

那一刻，我心中一暖，眼泪就在眼眶里打转，真的好想喊一声：“谢谢你们，爸爸妈妈！”

我记得还有一次，是母亲节。特殊的节日，总会有特殊的情绪。

那次的母亲节，我在园里看着老人，他们说说笑笑的面容对我来说就像一种安慰。那次，老人发现我闷闷不乐，就问我怎么了。我强颜欢笑，说道:“没事啊，今天是母亲节，我正想着给你们加餐，做点好吃的，好好庆祝一下母亲节。”

也不知道谁讲了一句：“刘总，这么多年了，也从来没有听您讲过自己的家庭，自己的经历，您也给我们说说吧？”

或许是那天的情绪刚好在那个点上吧，我就没忍住，给他们讲了自己幼年时期的经历，结果老人都哭了。老人拉着我的手说：“刘总，只要您不嫌弃，我们这些老太婆，都是你的母亲。这么多年来，看着你忙里忙外为我们打理生活，照顾我们的一切，你就是我们的亲闺女啊！”

听完老人这句话，我的眼泪瞬间就下来了。

那天，他们拉着我的手，跟我说了好多好多体己的话，让我感受到从未有过的父母之爱。

这么多年来，我与老人在一起，他们早已经形成了一种爱护晚辈的意识，不管前边是什么，他们下意识就要站在我的身前，保护我。殊不知，他们已经是八九十岁，甚至近百岁的老人了，那瘦弱的身体，战抖的动作，仿佛一阵风都能将他们吹倒。但是，他们的意志非常的强大，因为在他们的意识里，身后就是他们的女儿，他们的挚爱，他们就是倒下也要保护的人。我一天到晚都觉得自己沉浸在一种巨大的温暖当中，沉浸在一种无与伦比的幸福当中。

我想，这就是亲情。

这几年来，我也成了白发苍苍的老人了，每次到园中，他们都会拉着我的手，问东问西，嘘寒问暖，老人常说：“刘总，我看你眼睛通红的，是不是最近又没有睡好啊？是不是经常熬夜？千万别熬夜，这对身体最不好了。”

有人说：“刘总，你这头发又花白了，上次染的头发，又长长了啊！”

也有老人会说：“还是不要染发的好，这满头的银发多好看，现代的染发剂都是化学物质，有毒的东西，对身体非常不好。白发那就是睿智的象征嘛！”

还有人会说：“刘总要是参加重要会议，还是得染。”

其实，有时候为了工作需要，不得不染发，可每当这个时候，我耳边都会响起他们的叮嘱，就像母亲对自己孩子的谆谆教诲、临行交代。也许，常人都会觉得那是一种唠叨，可对于我来说，那就是爱的表现。

每每想起这些简单又质朴的语言，我都会觉得非常温暖。

我很享受这种感觉。

语言不需要华丽，不需要精彩，只要有爱，就会温暖人心。

我在照顾老人的这么多年间，有时候觉得，仿佛回到了当年跟奶奶相依为命的时候，感受到奶奶无微不至地照顾我；也仿佛感觉到奶奶年老之后，我在奶奶身边照顾奶奶、孝敬奶奶。

我在想，如果我有母亲，这就是母爱吧。

正是因为这种感情，让我觉得不论我做再多，都非常值得。

说实话，照顾老人是一项挺辛苦的工作，不仅身体累，心也累，但是能够看到老人的笑容，听到老人对你说“辛苦了”，感受到老人祥和满意的目光，体会到老人给我的爱和关心，我就会特别特别满足，特别特别欣慰。

价值，从来都不是金钱的多少，而是感情的深厚。

感情，从来都是心与心的距离。

金梦圆也是我跟这些老人共同的家，就像我们园歌唱的那样：

我们都有一个家，她叫金梦圆。
花园优美果树多，生活也快乐。
大家清闲哪里去，下棋和玩牌呀。
还有一个多功能厅，节日多快乐。
我们老年公寓呀，真像一个家。
营养那个保健那个都叫老人夸呀！
我们都有一个家，名字叫乐园。
兄弟姐妹都很多，关系也不错。
读书看报听广播，跳舞还唱歌呀，
老年朋友在一起，颐养天年乐。
我们老年公寓呀，真像一个家，

环境那个整洁，服务老人都满意呀！

老人心欢喜我们祝愿大家福寿安康！

同声歌颂友谊地久天长！

第七章

为天下老人尽孝

☆在民政部社工协会负责老年福利工作☆

由于我常年在体制内工作，拥有丰富的行政工作经验，1998年又建立了国内第一家民营养老院，经过四五年的经营，我对中国的养老事业有了深刻认识，对养老院的运营也有自己的心得体会。2004年，中国社会工作协会的副会长兼秘书长、协会老年福利服务工作委员会主任赵鹏奇找我谈话，问我愿不愿意到老年福利服务工作委员会去工作。

2004年，中国社会工作协会老年福利服务工作委员会成立于北京，是民政部正式批准的由从事老年服务的研究、关心老年工作的机构和个人自愿参与组织的非盈利性的社会公益组织。

中国老年福利工作委员会的宗旨是：关爱老人、孝敬老人、服务老人，让全社会老年人的夕阳生活更加健康美好！因为这个宗旨，让我对这个协会有了一定关注。

说实话，刚开始我还是有些犹豫的。那时候我都已经是一位快六十岁的老人了，和金梦圆里的老人在一起，我觉得很快乐，我们很有感情，我也舍不得离开他们，我怕做了行政工作，会顾不上这些不是亲人但胜似亲人的老人。

可赵会长的一番话打动了我，他说："蕴华呀，金梦圆是个好地方，有了它，老人有了一个安身立命、安度夕阳年华的好地方。可是你想过没有，这只是一个小小的养老院，只能让五六百位老人，有所依、有所养、有所乐。你可曾想过，全国有一亿多老人需要有所依、有所养、有所乐，而全国又有多少家养老院？又有多少老人住进养老院？又有多少老人孤苦无依？到老年福利服务工作委员会来，就是为全天下的老人谋福利，为天下的老人争取更多有所依、有所养、有所乐的空间和条件。古人云：老吾老以及人之老。蕴华，你的金梦圆已经做到了'老吾老'，是不是接下来要考虑一下'人之老'？我知道你的工作经历，你的善心，你的努力，最终历尽千辛万苦，做成了这家养老院，着实不容易。我也知道你是放心不下这家饱含了你太多心血的养老院。但是，如果你去了老年福利服务工作委员会，依旧有时间去金梦圆，依旧可以关注园中的老人，同时你还可以帮助更多的老人，帮助更多的老人院，这难道不是你的理想吗？"

张会长的一番话，令我茅塞顿开。这么多年来我把自己融入金梦圆，只顾着眼前的老人，目光或许短了一些吧。之后，我担任了中国社会工作协会的副秘书长，兼任中国老年福利服务工作委员会的执行主任。我的一项重要工作，就是协助福利司做好全国养老机构的管理。这对我的人生来说，是个很大的推动。我接受了这个任务，就会全心全意地做。

2004 年 4 月 13 日，我们老年福利服务工作委员会在北京香山饭店举行“中国老年福利事业发展之路——老龄产业与市场开发论坛”。这次论坛是中国社会工作协会老年福利服务工作委员会为推动全国老年福利服务工作提供理论指导平台而设立的，在我国尚属首次。论坛的主题是“老龄产业与市场开发”。这对于提高涉老机构和部门对老龄化所带来的机遇和挑战的认识有着重要的理论意义和现实意义。

围绕这一主题，论坛邀请了民政部领导、在京高校学者以及香港老年福利服务专家做了主题发言和学术交流。全国各省（市）民政厅（局）福利处处长和部分老年福利服务机构的负责人、香港关心中国老年事业的社团负责人等500多位代表参与本次论坛，就我国老人福利工作社会化、规范化、专业化、产业化进行了富有成效的讨论。

之后的每一年，老年福利服务工作委员会都会在社会工作协会的领导和指导下，为全国老人做各种各样的福利工作，以及各类公益活动。我国人口老龄化的现状及趋势对老年社会福利事业的发展提出了迫切的需求。人口老龄化不仅对我国老年福利事业提出了严峻的挑战，同时也带来了前所未有的机遇。

可能我们这个老年福利服务工作委员会做的事情，对于全国上亿的老年人来说，仅仅是杯水车薪，但这是我们国家从政策上、组织上为全国老年人谋求福利的一个开端，一个探索，一个重要的推动。

我从2004年进入中国老年福利服务工作委员会，到2008年6月届满离职，一共5年多的时间。

这几年来，我常年奔波在各地各处的养老机构，每到一个地方，就选择住在当地的养老院中，去体会和感受各地不同的养老环境、养老条件，也去了解老年人在养老机构的生活条件和生活状态，了解养老院工作人员的工作方法和工作现状。

五六年当中，我走访了1100多家养老机构，足迹遍及37个国家。

在这个过程中，我接触了很多在一线奋战的养老院院长，也了解了他们的生活。我觉得他们值得重视，特别是知道了他们在一线那么不容易之后，我便尽我所能给予他们一些帮助。

比如，我想办法，让他们走进钓鱼台，走进人民大会堂，让他们进行交流；办培训班，办论坛，让他们把工作当中遇到的困难和问题，通过分享和交流得以解决；还让他们看到祖国的建设以及对养老事业的重视，让他们对中国的养老事业更有信心。

从一家赡养几百个老人的养老院，到管理全国4万多家养老院、对全国的老人负责任，我的思想和思维模式也开始发生转变，从小处往大处着眼，目光也从眼前往长远展望。因此，我也开始不断地思考，什么模式是最适合国情和现状的养老模式，同时对比国内外养老院的不同，取长补短，取其精华。

国内大部分的养老院跟日本、美国、欧洲等发达国家的养老院比还存在一定的差距。这些发达国家资本雄厚，社会福利和养老体系都比较完善。不过，从整体来看，国外的养老院也存在一些问题，像美国、德国的老年人，他们有很多人希望跟家人共同生活，享受儿孙绕膝的天伦之乐。由此可见，居家养老是全球老人共同的心愿。

从一定程度上来讲，养老的模式也开始渐渐转变，从封闭、独立的养老院模式，往居家养老模式转变。不过，大部分还是以养老院模式为主。

那时，瑞典、荷兰等国是养老体系比较健全的国家，也开始倡导居家养老，鼓励健康的老人留在家中，但是由政府提供全天候的服务，只要老人提出申请，就有专业人员定期上门提供医疗和家政服务，为其提供传呼和报警设备。包括与我们国家一海相隔的日本，也出台了《老人保健法》，以立法的形式引导老人福利政策的重心向居家养老的方向转移。政府出资培训十万名家庭护理员，又出台了护理保险机制，解决老人护理难题。

相较于这些发达国家来说，我国的养老事业起步稍微有些晚，机制也不够健全，社会福利正在努力跟进当中。因为我们国家还未富，但是已经先老了，“未富先老”的状态，让我们的养老事业进行起来特别困难。

就拿现实的事情来说，发达国家从事养老事业的人员，比如院长、护工等，福利待遇特别高，我们的护工奋斗在养老的第一线，工资比较低，有些地方的养老院院长都只有很低的待遇。

当年我在浙江建德，了解到一些情况。当地有些农村敬老院院长，一个月工资不过800元，工作了十几年，依旧没有什么提升。

对于这样的敬老院，我还到当地体验过，他们的养老条件确实一般，但是我也不能用统一的标准去要求全国各地的养老机构，毕竟每个地方都有特定的政策以及社会条件。

我在当地的养老院调研后发现，园中的老人大部分都是丧失劳动能力，生活又没有保证的鳏寡孤独者，只能由国家安置到养老院中。

我跟园中的老人一起聊过，我问他们：“你们觉得这里怎么样？”

有人回答说：“我一个鳏寡孤独的老人，没有收入，没有子女，能够住进这里就已经心满意足了。这里有吃有穿，还有啥要求呢？”

也有人这样回答：“还不是混吃等死，哪里都一样。”

听到这样的话，我的心如刀绞一般痛，老人不能有一个舒心、安乐的环境是我们的失职。

也有人这样回答："政府没有忘记我们，给我们这样一个遮风挡雨又吃穿不愁的地方，让我们不至于流落街头，冻饿而死，我们很感恩政府，也很感恩我们的院长。要不是他，早就没有我们了。他为了照顾我们，一年都不敢多回几次家，就连爱人生病，都不敢多回去几天。"

我跟他们的院长聊过，问过他有什么诉求，院长说："养老事业是一项任重道远的事业，这么多年来，我凭着自己的一颗心坚持了下来。然而，有些时候真想放弃啊，刘主任，您应该懂得其中的艰辛。可是，一看到他们的面庞，我就实在是不忍心放下他们。不管他们怎么看我，我都把他们当亲人看待。"

我说："是啊，养老事业确实是太辛苦了，能够坚持下来的人实在是太少了。你这种敬业精神，实在是值得别人学习。"

他又说："有些东西，我也不知道该怎么说，您要真是问我有什么诉求的话，我只想说，如果能够多给老人一些生活的补贴，那是最好不过的。他们，太苦了。"

这就是我们的院长，他从来不说自己条件有多苦，也不说生活中遇到了多少困难，只是希望能够给园中的老人多一点照顾，多一份补贴。

这样的例子，其实还有很多。每每遇到，我都会觉得非常难过，同时也会觉得自己肩上的担子好重好重。我真的需要多为这些院长谋一些福利，因为如果没有他们的付出，很有可能就没有了那些养老院的存在。

服务于养老事业的人，大部分都是奉献者和牺牲者。这项工作非常辛苦，工资待遇却不高。如果老人有突发情况需要抢救，此时不管院长上班还是下班，都必须赶紧想办法，紧急救治，送往医院，院长和护工也要守在老人身边，不能离开。所以，我见过太多院长，尤其是女院长，因家人不理解而被迫离婚。

我记得杭州一个社会福利院的院长，她跟我讲过自己的故事。

她说："刘会长，这么多年来的工作，您是了解我的，我从来都不是一个抱怨工作、抱怨生活的人。"

我说："那是自然，你的工作做得很好，这都是有目共睹的，我都给你颁发过两次荣誉证书了。"

她说："可我今天实在是忍不住了，就想跟您聊一聊，不为抱怨，就是想把这满肚子的话说一说，憋了这么久，再不说我都怕自己受不了了。"

我赶紧问："是不是有什么难处？你说说，要是能帮得上忙的，我义不容辞。"

在我眼中，这些年轻的院长，都像我的孩子一般，他们做的都是看似平凡却伟大的事情。

她听到我的话，眼泪止不住地流了下来，她说："刘会长，你说我们家先生怎么就不能理解我呢？"

我这才明白，原来她丈夫跟她离婚了，就是因为她的工作根本没有一个具体的时间，几乎天天都在养老院里待着，有时候明明约好的事情，刚准备去，结果园里发生突发事件，不得不爽约，让夫妻两人连一个正常的二人世界都没有。

那天，她抱着我的肩膀哭了好久，也说了好多，最后她擦了擦眼泪，哽咽着说道："其实，这事情也不能怪他，要怪也只能怪我。任谁也受不了连结婚纪念日也不能在一起的日子；任谁也受不了在对方生日宴会上等了半天，最后爽约；任谁也受不了对方父母生病都不能到床前看一眼的日子。他是一个那么好的人，是我对不起他呀！"

那天，听着她的哭诉我也想了很多，我很了解他们的辛苦，因为我也是如此，同时我还非常感激贺程浩，感谢他对我工作的理解和支持。这时候，我也突然发觉，自己平时似乎对贺程浩的关心少了一些，决定回去多陪陪贺程浩。

我们优秀的院长有很多，我记得江苏无锡博爱康复颐养院院长朱敏芳，就是一位特别优秀的院长，她提倡对待老人要用"婴儿般的亲情护理"。他们院里有一个退休老校长，患有老年痴呆症，他总是喊朱院长"妈妈"。朱院长对待院里的所有老人，都如同她提出的理念"婴儿般的亲情护理"，有一次老校长叫着"妈妈"，让"妈妈"亲亲，结果他伸手去搂"妈妈"的时候，把满手的大便都抹到了朱院长的脸上。当时我就在场，朱院长没有露出尴尬的颜色，只是微微笑了笑，赶紧去处理。试想一下，自己的孩子弄脏了妈妈的脸，妈妈肯定不会责怪自己的孩子。后来，我们把朱院长推荐到联合国，去介绍她的养老经验。

我记得有一年搞联谊活动，一些院长围在我身边，一夜一夜不睡觉，跟我聊，向我诉苦。其实我明白他们，他们也并不是真的抱怨，就是因为他们的付出总是不被家人、朋友理解，他们心里委屈，想找一个人倾诉一下。我理解他们，我也很愿意听他们的倾诉，并且能够给予一些安慰。

那段时间，我也很苦恼，因为这些问题我都知道，我了解养老事业的苦和难，了解从事养老事业人群的苦恼和痛苦。可我明白，按照中国的现状，想要改变几乎是不可能的。我作为老年福利服务工作委员会的执行主任，为天下老人尽孝，为天下老人谋福利，我一定要竭尽自己所能，为改变这样的现状而努力。

那年社会工作协会举办会议，在大会上，我当着众多领导的面发言。我说："我这个人对待工作，可能有些直，请恕我直言，本来我还没有准备这次发言，因为我发现，有些时候我的建议只能得到大家的鼓掌，却不能具体得到实施。我希望，如果大家认可我的话，再给我鼓掌，如果不认可，就不要勉为其难。"

领导发言了："蕴华，只要是合理的，有利于工作的建议，我保证，一定能够得以实施。"

我听到领导的话，这才放下心来，接着说道："经过这两年的工作，我发现养老事业还是任重道远啊！我们做得还远远不够。

在此，我也想为工作在第一线的人做一点事情。我准备，从明年开始给优秀的护工设立一个‘优秀护理员奖’，以褒奖他们为照顾老人付出的劳苦和艰辛。”

大家都一起鼓掌，说：“刘主任这个建议不错，是应该给他们一个褒奖，他们实在是太辛苦了。”

我又说：“另外，我还有一个建议，咱们的‘优秀养老院院长’荣誉年年评，我经过这两年的深入走访，发现一些真正优秀的院长，并没有被发掘出来。我提议，咱们明年的优秀院长可以适当地扩大一下规模，但是并不是盲目地扩大，有一个先决条件，必须三年内无亏损。虽然不能保证绝对的公平，但是要尽可能地保证公平，让更多的优秀院长得到荣誉，也让更多优秀的养老院得到荣誉，得到适当的补贴。”

大会再次响起掌声，领导也肯定了我的想法。我的想法其实很简单，就是想踏踏实实为养老院，为那些献身于养老事业的人，做一些工作。

后来，第一届中国养老博览会在昆明召开，这次会议是在社会工作协会指导下进行的，属于半官方性质。我们计划并邀约与会的人数是300人，结果一共去了近800人，把昆明市政府新、旧招待所全部占满还不够，会务组还为与会者让出地方。博览会办得还是比较成功的，非常受欢迎。博览会以感恩社会、关爱老人、改进服务、推动发展等为主体，围绕老年人康复护理服务、精神文化服务、保健养生服务、信息化服务、人才培训服务、养老机构建设、老年人宜居建筑和养老服务品牌推广等方面开展，重点宣传推广国内外养老服务业创新理念、服务技术及管理成果。这是第一届养老博览会，主题鲜明，内容新颖，并且参与广泛，影响深远。

另外，鉴于香港在养老事业上的先进性、前瞻性和成熟性，我们老年福利服务工作委员会提出申请，联合香港办事处，在香港开办养老院院长培训班活动，我们的活动也得到了香港中联办的热情支持，办班也很顺利。

2005年年初，培训班第一期开始。我们的学员，大部分都是全国各地精挑细选的一些优秀养老院院长和在养老事业上做出了一些突出贡献的人，以及从事养老行业不久欲献身于养老事业的新人，让他们来培训、进修，是为了让他们的事业更上一层楼，也为中国的养老事业铸就辉煌的明天。

我们请的培训老师，有香港社会福利署的政府官员、香港大学研究社会学和养老事业的教授、香港一些优秀养老院的院长。香港政府的相关政策对于养老事业非常有利，政府为养老埋单。而内地一直到现在都尚未实现这一点。不过，我觉得这也是未来的趋势。

整个培训下来，我们的学员和我都受益匪浅，一来增长了自己的见闻；二来引起自己的思考，开拓了自己的思路；三来去粗取精，查漏补缺，找出了自己工作的不足，用学来的新思路、新想法，结合当地的政策和现状，作出合理的安排。

举办培训班，不仅增长了学员的见识，也拉近了我跟学员之间的距离。这些学员都是全国各地养老院的优秀院长，在以后的工作中，我们经常进行交流，相互传递成功的经验，分享各自的心得，好的经验得以推广，不好的模式、失败的教训也能够提前散播，起到防微杜渐的作用。

这期间，金梦圆老年乐园成立了“中国社会工作协会老年福利服务工作委员会培训基地”，这也相当于一个小型的培训班，通过传授课程、实地考察、模拟训练等方式，培养更多的养老人才，为国家的养老事业做了一些贡献。

从2005年到2008年，我们一共在香港举办了三期院长培训班，为国家培养了很多优秀的院长。

后来，我到广州社会福利院去调研，就发现他们把在香港学到的理念活学活用，还在福利院的很多地方贴了宣传页。

我记得很清楚的一个内容就是《孩子你等等我》：

孩子！当你很小的时候，

我费了很多的时间，

教你慢慢地用汤匙、用筷子吃东西。

教你系鞋带、扣扣子、溜滑梯；

教你穿衣服、梳头发、擤鼻涕，

这些和你在一起的点点滴滴是多么令我怀念，

所以当我想不起来，接不上话的时候，

请给我一点时间，等我一下，让我想一想，

极可能最后连要说什么我也一并忘记！

孩子！你记得我们练习好几百回学会的第一首娃娃歌吗？

是否还记得总要我绞尽脑汁去回答不知从哪儿想出来的“为什么”吗？

所以，当我重复说着老掉牙的故事，哼着我孩提时代的儿歌时，原谅我，让我继续沉醉在这些回忆中吧！

希望你，也能陪着我闲话家常吧！

孩子！现在，我常忘记了扣扣子，系鞋带。

吃饭时，会弄脏衣服；梳头发时，手还会不停地抖。

不要催促我，对我多一些耐心与温柔，只要有你在一起，就会有很多的温暖浮上心头。

孩子！如今我的脚站也站不稳，走也走不动。

所以，请你紧紧地握着我的手，陪着我，慢慢地，就像当年一样，我带着你一步一步地走。

这首诗是当年我们几个院长在香港写的，后来电视栏目《夕阳红》在青岛做节目的时候用过，包括现在也经常有人用到这首诗。

除了这首诗，还有一首《孩子你亲亲我》，大意是讲：老人住在养老院里，总是倚靠在门边，盼望着子女的到来，他们希望子女能够像当年自己捧着子女的脸亲他们那样，捧起自己的脸亲亲。

除了这两首诗，我们还策划了一个为老人服务的《十二福》。

《老人积福十二端——今天我们照顾白发的老人，他日你们照顾白发的我》：

第一福　能接受我摇摆不稳的脚步及颤抖的双手的人，是有福的。

第二福　了解我的视力，虽渐渐地模糊，但却心知肚明的人，是有福的。

第三福　知道我的听觉渐渐衰退，却仍努力想听我说话的人，是有福的。

第四福　假装没有看见我吃饭时，撒满餐桌食物的人，是有福的。

第五福　肯花时间听我为鸡毛蒜皮小事喋喋不休的人，是有福的。

第六福　对我一再重复说同样的故事，而能不提醒我已说过的人，是有福的。

第七福　能很技巧地把话题引到我记忆中辉煌事迹的人，是有福的。

第八福 使我觉得似可爱，似受尊敬，而不被排斥的人，是有福的。

第九福 能了解我，虽然身手不能再矫健，却仍有心服务的人，是有福的。

第十福 能注意到我不需要被怜悯同情，只需要被重视的人，是有福的。

第十一福 能尊重我的信仰，我的陈年往事，但了解我是努力去适应这不停改变的世界的人，是有福的。

第十二福 能接受我已青春不再，同时知道自己年华老去的人，是有福的。

我在中国老年福利服务工作委员会工作的几年里，参观了国内外养老机构之后，结合我国国情，分析总结出以下几种养老模式：社区养老、居家养老、定点养老、公建民营养老，还有一种特别的模式——寺院养老。

社区养老很好理解，就是以居家养老为主，社区机构养老为辅。社区会为居家养老提供托老所、助餐点等服务，这样，就算白天家中没有子女照料，老人也能够有一个休闲娱乐的场所，不至于孤单没人照应。老人白天享受社区养老机构提供的日托、送餐等服务，晚上跟家人住在一起，享受天伦之乐，得到家人的照顾。社区养老还能有效减少社会养老机构供不应求的压力。

从我个人的经验来看，这种养老模式还是值得大范围推广的。不过，这种养老模式也有一定的缺点，首先它要受到天气的影响，比如夏天太热，冬天太冷，对于老人来说，这都是大问题；其次，需要一定的护理人员和大面积的场地来支持。所以，这种养老模式，还需要在社会实践当中进行改进。

居家养老和在家养老有一定的区别，首先居家养老针对的主要是“三无老人”，即无劳动能力、无生活来源、无赡养人和抚养人的老人。在现在的社会现状下，有些空巢老人哪怕有子女赡养，赡养人也常年不在家，造成无人照顾的局面。

我担任老年福利服务工作委员会执行主任的时候，南京韩品媄老师的居家养老模式已经在南京鼓楼区被推广，并设立了九个养老点。

韩品媄老师主要把刚刚退休的女职工组织起来，请一些专业的护理机构对她们进行专业培训，目的是让她们能够为老人进行更好的服务。

韩品媄老师讲居家养老服务，必须坚持从老人的实际需要出发，还必须依托社区。如果没有社区资源的支持，没有政府提供条件，居家养老不可能仅凭个人的力量得到发展和推行。

南京鼓楼区民政局很认可韩品媄老师的居家养老模式，她每成功设立一个养老点，民政局都给予一定数额的补助。毕竟，养老是关系民生的大事，民间养老是对政府养老的补充，还是需要以政府为主。

这么多年来，韩品媄老师的养老模式都是全国养老的一面旗帜，我们都称她的模式为“南京的星罗棋布”。这种模式可以逐渐往全国其他地方推广。

我在养老这一块的思维是比较开阔的，我不会固化地把一种模式用到全国各地，因为每个地方的风土人情、生活习惯不一样，所需要的养老模式也是不一样的。养老院的建设必须跟当地的民俗结合在一起，符合当地的习惯。

异地定点养老模式的概念，是我们在2005年推行的。当时在钓鱼台国宾馆召开的发布会，引起了很大的社会反响。这是一种新生事物，新生模式。

获得我们第一批颁发的定点养老机构牌子的一共有32家，差不多相当于每个省都有一家。举个简单的例子来说，冬天的时候，北京的老人到云南的养老院去，欣赏当地的美景；同样道理，夏天南方太热，南方的老人也可以到东北地区相应的定点养老机构去养老。

不过异地定点养老在我国的推行，暂时还有很大困难，比如异地医保、养老金的提取等政策上的难题。

不管怎么说，这是未来的一种趋势，目前还在摸索中前进。

在定点养老模式发布的时候，我们又推动了一个公建民营机构养老模式。我们推动公建民营思路之前，专门推算了中国的老龄化现状和未来的发展状态，我和民政部社会福利司副司长阎青春一起研究，觉得公建民营将是发展趋势。

当时我们的提议遭到了很多人的反对，包括民政厅、民政处都有很多人反对，他们觉得这种做法是国有资产外流。虽然这种理念没有通过，但是不得不说，这种模式确实有利于提高养老机构的经营管理，而且也改善了很多民间机构资金不足的状况，是一种双赢的模式。

从那次会议后，公建民营的提案虽然没有通过，但是很多省市在这个思路上进行了一些适当的探索。一直过了六七年，这种模式越来越被市场和社会认可。这时候民政部才大张旗鼓地提出公建民营，民政部、卫生部联合多个地方发布了公建民营模式。证明了当年我们提出公建民营这个建议的前瞻性，也用事实证明了我们的正确性。

寺院养老模式是一种中国特色的养老模式。

1999 年起，福建沙县吉祥寺开始探索寺院创办养老院之路。吉祥寺为那些一无所有的老人提供免费的衣食住行，还包括护理、医疗以及丧葬，对老人唯一的一个要求就是必须念佛。寺院养老有一个很大的好处，就是对于老人心灵慰藉上的作用是无与伦比的。

2009 年全国“两会”上，全国政协委员、福建佛教协会副会长普法法师提交了《大力引导宗教界融入社会参与兴办养老事业》

的提案。2014 年全国政协会议上，江苏省佛教协会会长心澄法师提交了开办佛教养老院的提案。随后，德国媒体报出了吉祥寺养老的模式，令外媒惊叹不已。吉祥寺的模式从某些方面来说，减轻了人们心理上的负担，也被当地政府部门视为榜样。国家也乐于看到寺院承担养老责任。不仅仅是福建，上海、江苏等地也建立起了很多寺庙养老院。

对于寺庙养老模式，还需要相关部门多多引导和监督，相信也能够成为具有中国特色的养老模式。

面对老龄化的现状，我们也应该运用多元化的养老模式进行养老，对老人负责，对社会负责。

2008 年 6 月，我从中国老年福利服务工作委员会离职，那一年我 63 岁，按照古人的标准，我也是一名年过花甲的老人了。在岗的这几年，我也增长了很多见识，学到了很多知识，思想境界、胸怀和眼界都得到了极大的提高。在岗这几年，我也踏踏实实、兢兢业业为养老事业做工作，奉献了自己的一切。无他，唯心系老人也。

☆任养老院院长协会副会长兼秘书长☆

我担任中国国际养老院院长协会副会长并兼任秘书长这一职务，纯属偶然，不过回头细想，也是一种必然。

我从事养老事业这么多年，再加上在民政部中国社工协会工作的这五六年时间，认识了非常多致力于养老事业的从业者，尤其是担任老年福利服务工作委员会执行会长的这几年，考察学习了很多家养老院和养老机构，认识了全国乃至国际组织上的很多院长。我在担任执行会长期间，因为工作关系，很多时候都是身不由己，不能经常回到我魂牵梦萦的金梦圆老年乐园，也不能整天待在老人身边，不过我还是尽可能多地抽出时间回到金梦圆去，每隔三四天，最长也不超过一周就回去一次。其实，从内心深处来讲，为什么这几年工作当中，我每到一个地方，不去住当地的豪华宾馆，反倒去住在当地养老院里呢？要知道，咱们国家很多地方的养老院，条件是比较落后的，可我还是愿意跟老人住在一起，我不是把养老事业当成一份工作去做，甚至不是把他当成一份事业在做，而是实实在在地，把老人当成自己的亲人。跟亲人在一起，哪怕是住草房子，哪怕是吃糠咽菜，我也感到幸福，我也甘之如饴。从老年福利服务工作委员会离职之后，我在想，终于可以平平静静地回到金梦圆去，全心全意地为那些老人、那些亲人服务了。

没承想，树欲静而风不止。

离职后不久，有 38 个来自全国各地的养老院院长把我约到西单武警总部的一处会议室里，我当时还不明白他们要做什么，我就问道："你们这是要做什么呀？咱们要是谈工作，在金梦圆里谈多好，为什么要来这里？"

他们说："刘主任，您这几年的工作，真是深入人心，我们都很认同您的领导，还想在您的领导下开展养老事业。"

我开玩笑说道："这就是你们的不对了，你们这是要逼宫啊！那是咱们国家的政府机构，我要听从咱们党和国家的安排。再说了，我也到了退休的年龄，我就想好好地回到金梦圆，陪着老人，享受一下'夕阳'之乐。"

他们又说："现在国内的养老事业正处于一个生长期，全国的养老院需要一个领导，不然一盘散沙对于养老事业的推进不利，而您是我们最信任的人，在这几年的工作当中，您的想法、思路、观念，都是比较适合我们，也是比较切合当下社会环境的。"

听着他们的话，我又想起了“老吾老以及人之老”那句话，“吾老”说的是自己家中的亲人，然而金梦圆里所有的老人都是我家中的老人，我已经在做，并且做到了“老吾老”；那么现在全国的老人需要我，我这时候又岂能退缩？古人云：“春蚕到死丝方尽，蜡炬成灰泪始干。”于是，我同意了他们的请求，我们成立了中国国际养老院院长协会，协会在香港注册，李惠仁担任会长，我担任常务副会长兼秘书长。

中国国际养老院院长协会是服务全国乃至全世界养老院院长的协会，是在“华夏养老院院长协会”的基础上经香港人民政府批准成立的。协会围绕养老院院长的工作，在机构养老、制度建设、管理机制、服务水准、老人院舍的管理、护理员的培训、机构养老的政策完善等方面发挥作用。我们做这个养老院院长协会，是希望在实践中满足养老院院长的需求和愿望，也希望得到各界的广泛支持与帮助，共同把协会打造成造福于养老院院长，贡献于社会，服务于老人的事业。

能够得到这些院长的支持和信任，能够再次为全国的老人、全国的养老院、全国的养老院院长工作，我非常荣幸。

协会成立之后，除了推广国家的养老政策，另有许多接地气的服务项目，总结起来大概有三项：

第一项，我们利用香港成熟的养老机构管理体系，在各地举办实战型养老院院长培训班，对院长、厨师、医护、财务审核、养老法务等进行综合培训。这一项其实还是我在老年福利服务工作委员会时期，在香港举办院长培训班的一个继承和延续。另外，我们还从各个地方把有经验的院长以及各专业的实操者选拔出来作为教师，采取实战和理论相结合的方式，进行有偿教学，培训实战型院长。

第二项，自从香港回归以来，内地与香港的来往逐步加深，港资在内地投资建设养老院或者其他服务行业的机会也越来越多，协会也尽力做好各项服务，为他们开辟更为广阔的服务天地。与此同时，还会适度地在全国开展其他形式的养老服务。

第三项，就是养老服务外的第三产业。比如在北京、上海、广州、中国香港、悉尼、洛杉矶等地建立院长之家，交流分享养老方面的经验；建立老年中文学校，宣传中国文化；建立中式餐馆，推广中国老年餐饮等。

除了这些大的工作项目，平时我会跟很多养老院的院长进行交流沟通，我发觉一个共性问题，就是风险管理。我还记得当年以色列养老院的代表到金梦圆来，想让我到他们国家的养老院当顾问，也是关于风险管理方面的问题，他们还给我承诺说："别看我们那边正在打仗，我们国家一定派最安全的飞机接你过去。"以色列养老院的代表是很有诚意的，多次邀请我。不过，咱们国家的养老事业还不够完善，存在许多的问题，还是踏踏实实把我们的养老事业做完善了，再说其他。所以，我婉言拒绝了他们的好意。在国内，我无偿做了好多家养老院的顾问，经常到他们那边走动，把我自己的心得体会、经验教训传递给他们，希望他们能够少走一些弯路。

我觉得在中国国际养老院院长协会做得最有意义的一件事，就是把中国的养老事业推向国际，并且促成了很多国内外的交流学习。我曾经出访维也纳的养老院，他们那里的养老制度、设施、条件都非常完备，那里的老人住在养老院很安乐。我到他们养老院参观学习，老人对我非常热情，但翻译告诉我，原来这些老人都不怎么了解中国，他们甚至以为香港就是中国，或者澳门就是中国。我同他们做了相应的解释，不过这件事情一直挂在我的心上。

后来，我代表中国参加了第一届世界养老院领导大会。在大会上我做了发言，阐述了中国老龄化的社会现状、中国养老事业的发展、中国的养老模式等。我的发言让外国人大吃一惊，他们这才意识到，在养老事业上，我们国家已经发展到了一定高度，而且他们说，我的发言打开了世界养老的新视角。

我讲到我们国家有42000多家养老院，他们都不敢相信，很多人都为我鼓掌，为我欢呼，甚至有些人太兴奋，把我从演讲台上抬了下来，当时把我吓了一跳，还以为要摔了呢。其实，这是他们表达自己内心喜悦的一种方式，也是他们对一个人表示强烈好感的一种方式。

趁着这次会议，我还邀请了许多国外的养老院院长到我国来参观，到金梦圆来参观，交流学习。

在这次大会上，我还认识了一些联合国主管养老的官员，还有许多世界其他国家养老院的院长，甚至包括非洲国家的养老院院长。

世界养老院领导大会每年在不同的国家举行，第一届大会是在德国柏林，会后柏林养老院的院长送我一块柏林墙的石头，一块小小的石头，让我们铭记历史，珍惜和平。我到柏林的一些养老院参观，给老人送了很多中国的福娃，这些福娃是为 2008 年北京奥运会准备的，代表了对他们的祝福。其实，我在他们的养老院里，也看到了一些情况，他们养老院里的老人也不全是非常开心、非常放得开的，他们也有一些人非常拘谨，我想跟他们说说话，进行交流，有的人都不怎么跟我说话，不过他们的精神状态还不错，各个都衣帽整齐，皮鞋擦得特别亮，裤子烫得笔直，迎接我的到来，说明他们还是非常欢迎我这个国际友人的。我们相处得还不错。我觉得，或许我这个人身上有一种对老人的亲近之感吧。总之，跟老人在一起，我会觉得很舒服，老人跟我在一起，也会觉得很轻松。

在这次会议上，我为了给我们国家争取第二届世界养老院领导大会的主办权，邀请欧洲联盟的七个人到国内进行考察，就住在我们金梦圆老年乐园。我记得特别清楚的是，我们园中的厨师给他们包了饺子，外国人不太会用筷子，一个个不顾形象，拿手捏着吃，一个个都伸出大拇指，赞不绝口。他们那副样子，如果不知道的，还真不可能跟国际官员挂上钩。后来北京市没能促成这件事，也算是一次遗憾。最后，第二届世界养老院领导大会放在了香港岭南大学举行，并圆满结束。

之后是第三届，在美国亚特兰大市佐治亚州立大学举办。我从这样的国际交流大会中，学习到了很多有用的经验和知识。

2017 年 5 月 18 日是第四次大会，在青州举行，我这次讲演的主题是《社会环境与老龄化》，从社会环境对人口老龄化造成的影响进行探讨。

金梦圆还成立了“中国社工协会老年文化国际交流中心”，代表中国的养老院与德国、美国、比利时、荷兰等世界各国的养老院进行交流，互相传递经验，促进全球养老事业的发展。

中国老年福利服务工作委员会属于政府机构，那时候我着眼于大处，所以参观考察国内外 1100 多家养老院时，更多的是从政策、模式、社会福利等大的方面着眼，去对比，去考虑国内外养老机构的异同以及全国各地不同地区养老机构的差别，并且取长补短，把别人的长处拿来用，把自己不足的地方改正，查漏补缺。

虽然中国国际养老院院长协会这个名字里有“国际”二字，但是毕竟这个组织是民间组织，我更加关注和注重的，是国内的养老机构以及养老模式，这就相当于我把目光落到了“小处”。“小处”其实并不小，我们把全国乃至全世界的养老院院长组织在一起，共同探讨养老院的发展之路，甚至是全球养老事业的发展之路。

我希望全国乃至全世界的养老事业能够越做越好，越做越完善，全国乃至全世界的老人都能得到关爱，得到依靠。

☆为天下老人尽孝，让夕阳更红☆

我觉得自己这一生，并没有什么大富大贵，我自己也没有大智慧，大理想，也没有做出什么大成绩，大成就。但是我觉得这一辈子已经挺值了，我做了一件有意义的事情。

回想起幼年失亲，与奶奶相依为命，少年离家，从小缺失爱，什么事情都一直装在心里，不善言表。后来参加工作，得到太多领导和同事的帮助、照顾，他们在生活上给予我帮助，在技能上给予我指导，在心理上给予我安慰。时至今日，每每想起过往的人和事，内心都是一片感激。不管那些人是否还在我身边，也不管那些人是否还记得我，我都要感谢他们在我生命之路上的陪伴。

我要感谢自己的奶奶，是她在我幼年时悉心的照料，才让我能够健康地成长，也是因为奶奶的爱，才让我内心没有太多童年的阴霾，也是对奶奶有一份没能床前尽孝的愧疚，让我选择了为天下老人尽孝。

我还要感谢自己的亲人。49 年前与贺程浩缘定于医院，情定于简陋的房屋，可我这一辈子，从他身上收获了太多太多的爱，太多太多的感动，太多太多的支持。如果说，我跟贺程浩有什么遗憾的话，也许最大的遗憾就是我们没能在一起举行一场金婚庆典。不过，按照贺程浩的性格，他或许不会太过在意这个仪式。他很务实，曾经说过，我们在一起的时光没有碌碌无为，每一分每一秒过得都很值得珍惜。我也感谢自己的孩子，她们让我体会到了作为母亲的幸福。我做了母亲，才体会到当年自己母亲离开自己时，心里的那种不舍、担心和牵挂。我在金梦圆老人那里，既觉得自己是孩子，又觉得自己是家长。在老人那里，我是晚辈，我收获他们对我的关怀，对我的爱护，对我的照顾，我觉得自己是他们的孩子；我还要为老人谋取适当的利益，争取最有利的制度，营造最舒适的环境，这时候我是他们的家长，我想给他们最好的一切。

所以说，在我这个年龄，纵观自己的一生，发现选择养老事业，是我生命里一件自然而然水到渠成的事情。

在从事养老事业这件事情上，我不敢说我做得有多好，甚至不敢说我想得有多早，我只是把自己心中的想法付诸行动，把天下的老人当作自己的亲人，想老人之所想，求老人之所求。这不仅仅是为了老人，也是为了我自己心中的那个金梦。

史铁生曾经说过：“我常以为是丑女造就了美人；我常以为

是愚氓举出了智者；我常以为是懦夫衬照了英雄；我常以为是众生度化了佛祖。”

如今，我在养老事业上有了一点小小的成绩，我也不敢居功自傲。对于我来说，是曾经遭受的阴霾衬照了我如今内心的光明，是曾经缺失的爱造就了我如今的博爱，是天下所有的老人成就了我如今的事业。曾经的过往和身边的老人，才是真正成就我的人。

在人生之路上，不管是荆棘坎坷，不管是平顺坦途，感恩之心一直是我的心声。

如今我有了闲暇，静下来写一本书，说是回顾自己的一生，其实从内心觉得，这本书的主角并不应该是我，而是金梦圆里的几百个老人，更是全国几亿的老人。我这十几二十多年来，做的所有事情，都是为了他们，希望他们能够有一个美好的夕阳时光，安度晚年。

我想说的是，善待老人的今天，其实就是善待自己的明天。

我在做的是，为天下老人尽孝，为天下父母解难，也是为党和政府分忧，为社会尽责。

我的愿望是，让老人享受舒适，让老人绽放笑容，让老人充满幸福。

我的终极目标是——为天下老人尽孝，让夕阳更红。

☆后　记☆

这些年，我在养老行业认识的人多了。在和基建工程兵的一些老同事、儿时学徒的师傅同事、北京市规划局建委开发办的同事们见面时，他们让我写写自己。

苦难的童年怎么写呢？写什么呢？

我一直在发愁，不知道该怎么写。

写这本书的过程其实也是我回忆自己成长、发展的过程。

写儿时的苦难，我不禁落泪，湿透纸背；写教育我长大成人的长者、领导时，他们的身影便出现在我的眼前。

在我写书忆起这些导师、好友时，情不自禁地回忆起为提高北京市人民生活，北京市委市政府为打开首都北大门，让首都畅通无阻的大兵团作战的局面。

一个月前，我去养老院看望已 91 岁高龄的老局长、北京市重点工程指挥部的常务副总指挥姜善智，我们共同回忆起那时的工作情景。对视而坐，我们双方都傻笑着、回忆着，还翻看了和百发市长在杜家坎的照片，翻看着昌平公路竣工典礼上和焦若愚的照片，姜局长说："那时也怪了，不知哪儿来的那股子干劲，没白天，没黑夜的……"我们都很有默契地笑了。

在养老行业，我有着强大的顾问团，大家为我指路，给我方向，为我"拨乱反正"；在社工协会中国老年福利服务工作委员会执行主任的岗位上，我得到了徐瑞新副部长、杨建昌常务副会长、赵鹏奇主任的指导和帮助；在中国国际养老院院长协会执行副会长的岗位上，又得到了李惠仁会长、崔乃夫部长的指点和帮助，还得到了香港社会福利署和中联办的支持和帮助，每年的华夏养老院院长联谊会，他们都派人来参加。此外，我还得到了香港老一代养老院院长陈邦彦的帮助，在他的帮助下，我们打开了与香港、澳门、台湾等地养老院的交流之门。还得到了曾为北京东方广场投资的香港回归顾问、国际芦峰狮子会、爱国企业家李国明先生的支持和帮助，他千方百计为内地残障人士开启了光明之路，引导芦峰狮子会为内地失明老人每年捐赠一百万元。

另外，还要感谢陈志育会长，是他帮助我了解香港，在香港为海峡两岸暨香港、澳门、台湾的交流提供教育资源，也感谢关志康先生帮助中国国际养老院院长协会在香港落脚，并提供开办培训班的机会。

中国国际养老院院长协会2009年成立以来，在李惠仁领导下踏踏实实向前。这是一个独特的协会，李国英局长、杨便云局长、丁玉贤局长，支持了我们约40位院长的请求，我被推荐当了协会法人。如同父辈兄长般慈祥的崔乃夫老部长，给予了我们无限的关爱，一直为我们把关扶持。还有文化部高占祥部长，以及其他一些领导担任我们的顾问。协会成立九年以来，崔部长分文不取，却时时刻刻关注指导协会的发展。

正是在他们这些老领导的带领和指导下，院长协会一步一个脚印地前进。

我还有一大批兢兢业业的同事，这些同事就是分布在我国养老一线，为国分忧的院长们。在大约1200家养老机构的参观考察调研工作中，我和院长们结下了深厚友谊。通过培训、交流、参观等活动，我走进了人民大会堂，住进了京西宾馆，在钓鱼台昔日周恩来总理接待外宾的讲台上演讲，鼓舞着院长们在养老一线前进。

南京韩品媚在养老一线创造了“居家养老模式”，民政局张局长说：“韩院长让老人得福了。养老院办不到的事，老韩办到了。”

对养老情有独钟的陆美龄院长在上海徐汇区养老指导委员会的岗位上，和同事们一起研究找到了使老人不在凌晨过世的方法，这是用心实际帮助社会，他们在实践着常人做不到的事情。

吴九菊是湖北宜昌社会福利中心主任，她由一名普通护士成长为一名优秀的养老院院长，她在办院的过程中，引进企业管理理念，让老人在养老院能安度晚年。

广州老人院的洪佩贤院长，是我们之中唯一一位白云区第十二届、第十三届人大代表，也是机构养老有史以来唯一的一位党代表。洪佩贤知青返城，落实政策后，从海南岛回广州，自愿选择了养老事业，把一个只有百张床位的小养老院，办成一座被民政部称为“引领中国养老新潮流的领头羊大院”，真的是很具有代表性。

还有大孝子莫干山老年乐园的院长马福建，起初是靠自己打鱼、卖鱼供养老人。

像这样的例子还有好多好多。

伟大祖国的东南西北有无数个韩品媚、陆美龄、吴九菊这样优秀的养老院院长，他们日夜工作在养老一线，把守在为党为国分忧的岗位上，鞠躬尽瘁。

在这本书里，我还想感谢一直以来在业务上支持和指导我的导师邬沧萍和杜鹏，他们很重视我的工作，邬老师不仅在我主持中国老年福利服务工作委员的工作时为我出谋划策，还出席我举办的所有大型活动，特别是他在95岁高龄时，还出席了我们在中国人民大学举办的第十三届世界华人地区长期照顾会议。开幕式这一天，正值邬老师95岁生日，他老人家热情洋溢的致辞使会场掌声此起彼伏。邬老师还为我们举办的第一届至第七届华夏养老院院长联谊会确定主题。邬老师的老年人口学知识深厚渊博，深入浅出的命题深受国内外专家、学者和院长欢迎。2017 年 5 月 18 日在中国山东青岛召开的第七届联谊会，邬老师定的主题为“社会环境与健康老龄化”，这个主题受到与会代表和各界养老人士的认可。

杜鹏老师是一名养老学教授，今年才 52 岁，年富力强，帅气逼人，而且骨子里给人一种忠厚的感觉。他做学问非常严谨，非常注重一线调查，对于自己带的研究生、博士生也是如此。他研究老年学，对一线的养老院院长非常尊敬，每逢做学术研究，都会从一线养老院采集信息和数据。李惠仁会长对于他的每一篇学术报告都非常重视，认真阅读。杜鹏老师和我一起成功举办了第一届至第七届华夏养老院院长联谊会，我们还成功举办了第十三届世界华人长期照顾会议，参会人数达到 600 多人，会议报告的交流文稿都很实在，很接地气。

这里还有引我进入养老行业的领路人闫青春，他不仅具有理论水平，还有一线素材，是一位很受养老院院长欢迎的领头人。

在这本书收笔之时，我还要感谢在我人生道路上支持和帮助过我的人。进入 70 岁以来，我的心时有阵痛，为什么呢？就是当我关心别人，关心女儿及外孙、外孙女时，那种没有母爱的阵痛，时常涌上心头。

愿天下所有人，趁父母健在，要尽一切可能地爱他们。树欲静而风不止，子欲养而亲不待。千万不要让遗憾留在心间。

这是一个仅仅见过自己母亲一个月，根本不知道自己母亲长什么样的苦孩子，给所有看到这本书，甚至没有看到这本书的人，留下的一句衷言。